Dario Massimo

Die Franzensfeste

Dario Massimo

Die Franzensfeste

A. Weger

2013
2. Auflage

Bestellungen und Auslieferung:
Verlag A.Weger, Brixen
info@weger.net
Fax 0472 801189

Grafik © und Druck: Druckerei A.Weger, Brixen
Printed in Italy

Übersetzung ins Deutsche
Bettina Conci

ISBN 978-88-88910-45-1

In Erinnerung
an meinen lieben Bruder Mauro,
der das Erscheinen dieses Werkes
nicht mehr erleben konnte.

Franzensfeste (747 m) an der Brennerbahn in Tirol.

Bizarre Verflechtung
von Schatten und Licht
in den endlosen
Gängen für
die zeitlosen Märsche
aller Schattenfiguren.

Einst waren es
Tausend und wieder
Tausend
zum Sterben bereit
für Kaiser und Vaterland.

Jetzt singt nur
der Wind sein
verwirrendes Lied
von Sinn und Vergehen
der unfassbaren Zeit.

Christine Mathá

Inhalt

Hommage an ein großes Bauwerk

Eisack- und Wipptal verfügen über ein noch wenig bekanntes Juwel: Die Franzensfeste. Die lange Zeit strikt abgeriegelte Festung ist erst seit 2005 frei zugänglich und entwickelt sich rasch zum bewunderten Publikumsmagneten und neuen Erinnerungsort an einem zentralen Knotenpunkt der Brennerstraße. 20 Hektar Fläche, das Ausmaß einer kleinen Stadt, wuchtige und dennoch funktionale Bauten in Granit, spannende Innenräume, atemberaubende Aufstiege und Ausblicke – auch im an Attraktionen reichen Südtirol ist die Franzensfeste eine Besonderheit.

Niemand kennt die Festung besser als Dario Massimo. Er ist im nahen Dorf in ihrem Schatten aufgewachsen, hat in ihr einen Teil seines Militärdienstes abgeleistet und vermittelt nun als Führer unzähligen Besuchern einen nachhaltigen Eindruck des großen Bauwerks.

Dario liebt die Festung: er hat Räume und Außenflächen in tagelangen Begehungen und Kletterpartien erkundet, ihre Geschichte erforscht und intensiv über ihre ungelösten Rätsel nachgedacht. Seine Begeisterung für den titanischen Kunstbau springt bei vielen Führungen spontan auf das Publikum über: Ob Geschichtskenner oder militärisch versierte Besucher, ob Familien oder patriotisch gestimmte Schützenkompanien, alle sind gefesselt vom Wissen des Festungs-Cicerone Dario und lassen sich von seinem Enthusiasmus gerne anstecken.

Für Dario Massimo steht nicht die kommerzielle oder touristische Nutzung der Franzensfeste im Vordergrund. Sein Wunsch ist es, dass dieser unglaubliche, bereits bei seiner Errichtung anachronistische Bau in seiner vollen Bedeutung gewürdigt wird, dass ihn Nutzer und Besucher respektieren und behutsam mit ihm umgehen. Massimo begreift die Franzensfeste als ein Stück lebendiger Geschichte: als Zeugnis planerischer Gestaltungskraft, aber auch als genuinen Ausdruck des Talcharakters: Der Granit, aus dem die Festung besteht, entspricht der Rauheit und Härte des Wipptals, als Symbol seiner Kraft. Und schließlich ist die Festung die stumme Zeugin unzähliger Geschichten: Das Werk ihrer „Erfinder" Johann von Österreich und Franz von Scholl, aber auch jener unzähligen Männer, die sie erbauten und besetzt hielten. Sie ist auch die Schatzkammer des „Kriegsgoldes" von 1945, aber noch mehr zählt für Dario Massimo das Gold der Erinnerung und des Respekts.

Das Buch, das Dario nunmehr vorlegt, ist sein Tribut an die große Geschichte der Franzensfeste. Kennerschaft und Begeisterung, dazu sein fesselndes Erzähltalent haben die Erarbeitung des Textes beflügelt. Der Überblick fasst historische und architektonische Einsichten fundiert zusammen, er vermittelt Zugänge und Durchgänge. Ein Buch, mit Wissen und Emotion, mit Herzblut geschrieben, die große Erkundung einer Anlage von europäischer Dimension.

Als Historiker hatte ich die Freude, mit Dario Massimo ab Dezember 2005 die ersten Schritte zum Aufbau systematischer Führungen durch die Festung setzen zu dürfen. Sein Wissen und großes, oft unbedanktes Engagement für die Aufgabe haben mich nachhaltig beeindruckt. Mit diesem reich illustrierten Führer macht er den Lesern und den Bürgern von Franzensfeste ein großes Geschenk. Ich bin überzeugt davon, dass es angenommen und genutzt wird, als Hommage an die Geschichte und eine Heimat, als Wegweiser für die Zukunft der Franzensfeste.

Hans Heiss
Brixen, im April 2007

Innenraum des Munitionsdepots in der unteren Festung.

FRANCISCUS.
INCHOAVIT. M
FERDINANDUS
PERFECIT. M

Das große Eingangsportal der Festung. Das Gewicht der Granitpfeiler erreicht annähernd 13 Tonnen.

Francisci Oppidum

Die Festungsanlagen und ihre Zukunft standen für mehr als ein Jahrzehnt im Mittelpunkt des Interesses der Bürger von Franzensfeste. Die Reform des Heeres mit dem nachfolgenden Abriss von Kasernen und Schießständen, der Personalabbau, die Abschaffung der Wehrpflicht sowie die Umwandlung der Alpenbrigade „Tridentina" in eine Division – wenngleich dies nur auf dem Papier geschah und sie nach wie vor nur aus einer Handvoll dienstleistender Soldaten bestand – ließen hoffen, dass die Anlage dem Ort Franzensfeste zu neuem wirtschaftlichen Aufschwung verhelfen und ihn zu einem kulturellen Mittelpunkt machen könnte. Alle Bemühungen um eine zivile Nutzung der Anlage schienen jedoch an bürokratischen Hürden zu scheitern.
Schließlich gelang den Vertretern der Gemeinde der unerwartete Durchbruch: In Verhandlungen mit der Domänenverwaltung konnten sie am 2. Mai 2005 einen Vertrag abschließen, der die Festung für Führungen und Kulturveranstaltungen schon ab dem 16. Mai des laufenden Jahres freigab!
Wo jedoch die Politik zögerte, sofort vom Artefakt Nutzen zu ziehen, war es die Schlauheit (und die Leichtsinnigkeit, wenn wir genau sein wollen) eines Bewohners von Franzensfeste, dem Korrespondenten eines Lokalblattes, Roberto Bonafè, dem wir es verdanken, dass Tür und Tor der Festung letztendlich für die Allgemeinheit zugänglich wurde. Der „topische" Moment ereignete sich im Zuge des Festes des örtlichen Alpenvereins, welches auf dem Platz vor der oberen Festung alljährlich begangen wird. Die örtliche Zeitung kündigte in einem Artikel des Berichterstatters für jenen Tag kostenlose Führungen unter der Leitung des Verfassers dieses Buches an, eingedenk seines Status als Alpini-Offizier a. D. und echten Ortskundigen. Das Volk stürmte in Massen herbei, auch aus Rom. Der Vize-Bürgermeister und für die Festung zuständige Referent Giovanni Cipolletta sah sich somit zum eigenen Leidwesen gezwungen, eine gute Miene aufzusetzen und die Tore zu öffnen.

Der Gang, auf den die Kommandoräume ausgerichtet sind.

Dies geschah am 15. August.
Bereits nach wenigen Wochen wird im Dorf eine interkulturelle Arbeitsgruppe mit Vertretern beider Sprachgruppen gebildet, die sich mit der Zeit weiterhin vergrößerte und schließlich etwa vierzig freiwillige, motivierte und engagierte Helfer umfasste.
Nicht nur, dass sie sich für alle notwendigen Arbeiten zur Verfügung stellten – von Aufräum- und Böschungsarbeiten über Schneeräumung bis hin zu Reparaturen an den öffentlich genutzten Übergängen – sie waren auch bereit, sich das nötige historische Wissen anzueignen. In einer Vortragsreihe, die der Historiker Hans Heiss und der Autor der vorliegenden Veröffentlichung hielten, erfuhren die Freiwilligen Wissenswertes über Geschichte und Besonderheiten der Anlage, die Gründe, weshalb die Habsburger den Bau der Festung begannen und erhielten weitere notwendige Informationen.
Die Vereinigung nannte sich „Oppidum", in Erinnerung an eine Episode aus dem Jahr 1954. Im November jenes Jahres wurden die Grundschulen des Landes einge-

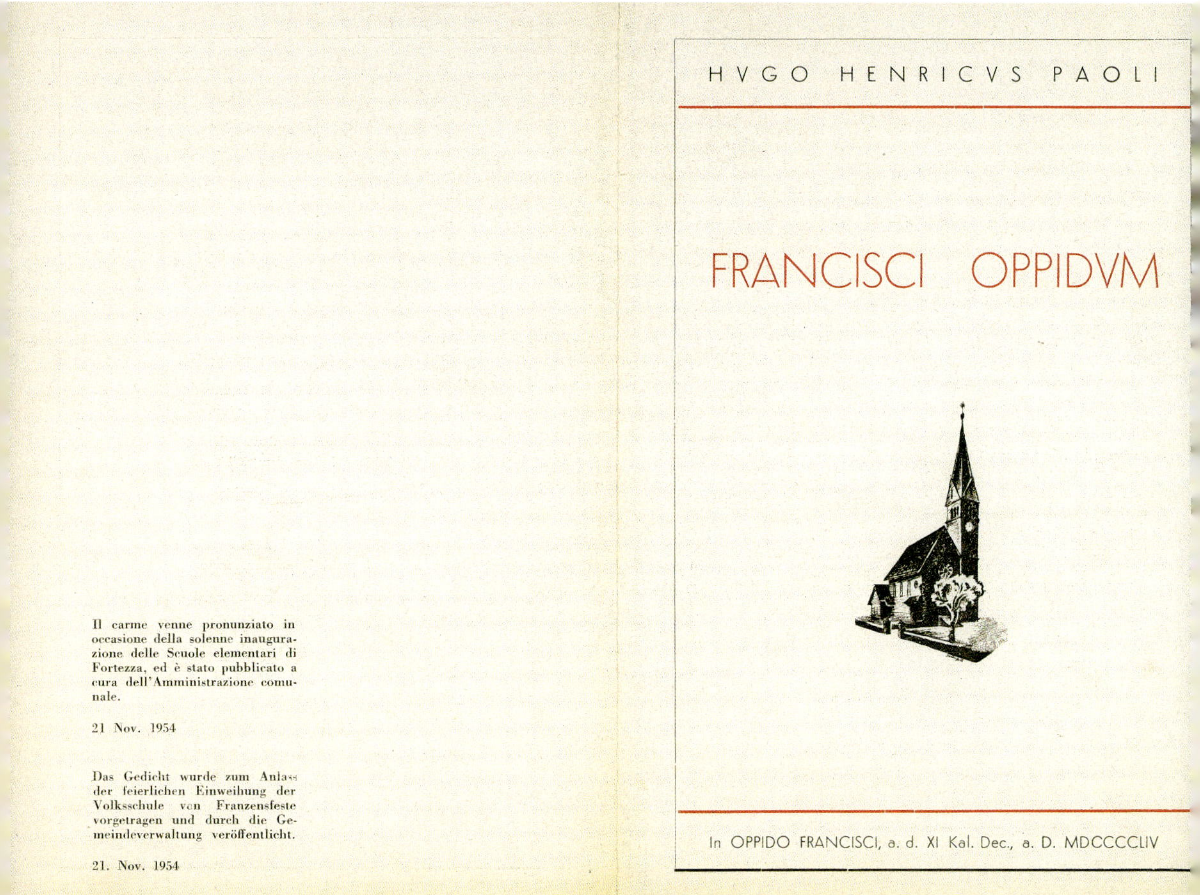
Il carme venne pronunziato in occasione della solenne inaugurazione delle Scuole elementari di Fortezza, ed è stato pubblicato a cura dell'Amministrazione comunale.

21 Nov. 1954

Das Gedicht wurde zum Anlass der feierlichen Einweihung der Volksschule von Franzensfeste vorgetragen und durch die Gemeindeverwaltung veröffentlicht.

21. Nov. 1954

HVGO HENRICVS PAOLI

FRANCISCI OPPIDVM

In OPPIDO FRANCISCI, a. d. XI Kal. Dec., a. D. MDCCCCLIV

Titelbild der von der Gemeinde 1954 herausgegebenen Broschüre „Francisci Oppidum".

weiht. Zu diesem Anlass hatte Ugo Enrico Paoli, berühmter Lateiner und Dozent an der Universität von Padua, eine Dichtung zu Ehren der Festung und des gleichnamigen Dorfes verfasst. „Francisci Oppidum“ war der Titel der Komposition, die Professor Oddo Bronzo, der damalige Bürgermeister, ins Italienische und Vizebürgermeister Josef Wild ins Deutsche übersetzten.

Heute existiert nur noch ein einziges Exemplar dieser Komposition, das Frau Alessandra Gobber-Massimo, die damalige Gemeindeangestellte, wie einen Schatz hütet und uns freundlicherweise zur Verfügung gestellt hat. Der Verein nimmt somit Bezug auf ein nicht allzu weit zurückliegendes, zwar kleines, aber das Dorfleben prägendes Ereignis. Die vorliegende Veröffentlichung möchte allen, die dieses architektonische Prachtbeispiel des 19. Jahrhunderts besuchen, ein detailliertes Handbuch sein, es soll den jüngeren Bewohnern des Dorfes die Möglichkeit geben, jenen Bau zu entdecken, der den Nährboden für die Legenden bildet, die sich bis heute um ihn ranken.

F O R T E Z Z A

Una vecchia rocca di Francesco chiude le montagne, fra cui scorre serpeggiando l'Isarco, e vigila dall'alto l'accesso della valle. Non più, ora, la grandiosa opera di Marte minaccia furia di guerra, chè prive di bocche di fuoco sono le mura abbandonate; ma è bello contemplare dai boschi le fortificazioni che serrano l'angusta valle, mentre il torrente risuona con l'onda, e rapido passa il lungo veicolo animato dalla domata forza del fulmine, a cui aprono la via, fra il cupo dei boschi, le solcate giogaie.

La rocca quasi si aggrappa al monte, e col colore imita la rupe; nella sottostante valle si appiattano chiusi baluardi; e un piccolo lago, tremolante per il fluire del fiume, ne lambisce con placide acque le mura.

Non lungi il campanile innalza al cielo la vetta, che già il furore della guerra, empio, distrusse; ora, ricostruito, memore delle sue ferite, invoca la pace, ogni qual volta dai bronzi sonori risuonano i sacri rintocchi.

Perchè soffriamo che nel nostro cuore covi nascosto Caino? Perchè l'uomo non cessa mai di esser lupo al fratello? —
Cristo ci disse di fuggire con orrore le stragi cruente; Cristo il secolo nostro affigge di nuovo alla croce.

Continua, o sacra torre, a ricordare col suono delle tue campane i trascorsi dolori; continua a invocare Dio, che tenga lontana la guerra.

Traduzione di ODDO BRONZO

F R A N Z E N S F E S T E

Eine alte Festung von Kaiser Franz sperrt das Gebirge, wo dazwischen sich der Eisack durchschlängelt und bewacht von oben den Eingang in das Tal.
Nunmehr bedroth nicht Kriegsschauer das mächtige Werk Marses, die verlassenen Mauern sind ohne Feuerschlünde.
Freude macht es die Feste aus den Wäldern zu schauen, wo sie das enge Tal abschliesst, während der Fluss rauscht mit Wellen und dort eiligst das lange Fahrzeug getrieben durch Blitzeskraft vorbeizieht, dem Durchgang gewähren die dunklen Gebirgsfurchen zwischen den Kronen der Wälder.
Die Franzensfeste ist hinaufgeschmiegt am Berg und gleicht die Farbe dem Felsgestein; im darunterliegenden Tal bereitet sich das kriegerische Bollwerk aus und ein kleiner See zittert Wellen des Flusses, und erhellt dann mit ruhigem Wasser und umschäumend das Mauerwerk.
Nicht weit davon erhebt sich zum Himmel die schmucke Spitze eines Kirchturmes, den vor nicht langer Zeit Kriegsfurie graussig zerstörte.
Jetzt wieder aufgebaut, denkend der Wunden, ruft er den Frieden jedesmal da die bronzenen Läuten jedesmal, da die erklingen in mitleidvollen Schlägen.
Warum leiden wir in unserem Herzen das heimlich sich Kain verbirgt?
Warum hört der Mensch nicht auf Wolf zu sein gegen den Bruder?
Christus sagte uns zu fliehen die blutigen Kriegswirren mit Schrecken.
Christus -- wieder ans Kreuz schlägt unser Jahrhundert.
Fahre fort, o heiliger Turm, mit deinem Glockenklang, erinnernd die vergangenen Schmerzen; fahre fort den Herrgott zu beschwören, dass fern er halte Krieg.

Übersetzung von JOSEPH WILD

FRANCISCI OPPIDVM

Francisci vetus arx montes, qua serpit Isargus,
Obstruit atque aditus prospicit alta iugi.

Nulli iam cladem minitatur Martia moles,
Armis ignivomis castra relicta carent;

At iuvat angustam claudentia moenia vallem
Spectare e silvis, dum strepit amnis aquis,

Et celer it currus, domita vi fulguris actus,
Secti cui montes dant per opaca viam.

Montibus arx haeret, rupem simulante colore,
Valle in subiecta bellica claustra latent.

Diffusis placide lambit munimina lymphis
Exiguus, trepidans amne fluente, lacus.

Haud procul extollit culmen sacra turris acutum,
Quam, scelus!, evertit bellicus ante furor,

Atque refecta petit, memorans sua vulnera, pacem,
Voce pia quotiens aera sonora canunt.

Pectore cur nostro patimur latuisse Cainum?
Cur homo numquam homini desinit esse lupus?

Christus nos docuit caedes horrere cruentas;
Christum iterum adfigunt saecula nostra cruci.

Turris, perge sono veteres memorare dolores;
Bellum ne redeat perge vocare Deum.

Lateinische Ode (rechts) mit ihrer italienischen und deutschen Übersetzung.

Vorwort

Die Franzensfeste, die dem Dorf am südlichsten Punkt des Wipptals den Namen gab, umgibt seit jeher eine besondere Faszination. Ein Grund dafür liegt in ihrer Aura des Unerforschten: Ihr riesenhafter Bau ist die letzte historische Anlage dieser Größe in unserer Region, die bislang noch nicht umfassend untersucht und analysiert werden konnte. Tatsächlich bestimmte seit ihrer Errichtung und feierlichen Einweihung im Jahr 1838 das Militär verschiedener Heere, Staaten oder Reiche, die gerade die Herrschaft über das Gebiet hatten, über ihre Nutzung. Wie bei allen Militäranlagen von strategischem Interesse waren auch alle näheren Angaben zur Festung streng geheim.

Die Franzensfeste erlebte nie ihre Feuertaufe und wurde bald von der reinen Verteidigungsanlage zum Lager für Munition, Sprengstoff und Waffen umfunktioniert. Eben diese Nutzung, die ihr seit Mitte des 19. Jahrhunderts bis Ende 2001 zugewiesen wurde, verlieh ihr den Ruf der Unnahbarkeit – aus Sicherheitsgründen. Bis zum kürzlich erfolgten Abriss der Kasernen des italienischen Heeres war es verboten, die Festung zu fotografieren (die entsprechenden Schilder waren entlang der Brenner Staatsstraße und in ihrer Umgebung gut sichtbar) oder sie zu besichtigen. Dazu bedurfte es einer Sondergenehmigung der für die Franzensfeste zuständigen Befehlshaber der Militärregion Nordost (Padua) – diese wurde jedoch nur selten erteilt. Außerdem unterlagen alle Soldaten, Unteroffiziere und Offiziere, die ihren Dienst in der Festung leisteten (wenn auch nur für zweiwöchige Turnusse), der Schweigepflicht und waren angehalten, keinerlei Informationen über den Komplex nach außen dringen zu lassen. Nicht einmal die Offiziere der Alpinibrigade „Tridentina", die die Festung bzw. das Sprengstofflager bis zuletzt verwaltete, hatten freien Zutritt. Nur wenige Personen, die zudem einem komplexen Erkennungsprotokoll unterworfen waren, durften sie für bestimmte Diensterfordernisse betreten. Die in der Festung lagernden Tonnen von Bomben, Patronen, Sprengstoff und

Waffen hätten im Falle einer Sabotage oder eines verhängnisvollen Unfalls nicht nur die zuständigen Sprengstoffexperten, sondern auch die gesamte Bevölkerung von Franzensfeste gefährdet. Zudem bestand das Risiko, dass der Staudamm, der 1940 errichtet wurde, um das Wasser des Eisacks für das Kraftwerk der Eisenbahn aufzustauen, durch eine Explosion des Lagers hätte bersten könnten. Eine Katastrophe wie beim Stausee von Vajont wäre denkbar gewesen, die das ganze Eisacktal, zumal Neustift und Brixen, betroffen hätte. Für all diese Sicherheitsmaßnahmen gab es mithin gute Gründe.

Die Neugier von Historikern, Architekturstudenten und Chronisten wurde aber nicht allein durch die Aura des Verbotenen geweckt, sondern auch durch Ereignisse, die mit der jüngsten Geschichte und dem Zweiten Weltkrieg zusammenhängen. In der Endphase des Krieges beherbergte die Festung für einige Jahre den Schatz der Banca d'Italia: über 120 Tonnen Goldbarren, die Goldreserven des gesamten Landes, die von den Nazis beschlagnahmt und nach der Befreiung durch die amerikanischen Truppen nur zu einem kleinen Teil gesichert werden konnten. Zur natürlichen Faszination der Festung kamen somit Gerüchte und Sagen über Schätze dazu, die angeblich noch zur Gänze oder zum Teil in einem zugemauerten Winkel oder eigens angelegten Versteck des Baus lagern sollten.

Nur wenige Veröffentlichungen der jüngsten Zeit gewährten einen Einblick in die imposante Struktur des Bauwerks, das größte seiner Art im Alpenraum und eines der führenden in Europa. Mit dem Abzug des Militärs und der anschließenden zeitweiligen Übertragung der Festung an die Gemeinde Franzensfeste im Mai 2005 wurden die drei Hauptteile des Baus den Besuchern zugänglich gemacht. Die Anlage besteht aus der unteren, der mittleren und oberen Festung, die durch eine Reihe von Stollen, Tunneln, Rampen und Treppen miteinander verbunden sind. So wurde die Festung zum beliebten Ziel für ein breites Publikum, für Neugierige, aber auch Architekturkenner und Geschichtsfreunde. Archäologische Untersuchungen wurden vorgenommen und die strukturellen Voraussetzungen erforscht. Denn der Felsvorsprung, auf dem die Festung errichtet wurde, diente bereits lange vorher dazu, um die Brennerstraße (die wichtigste Verkehrsader zwischen Nord- und Südeuropa, zwischen Nordsee und Mittelmeer) sowie das Pustertal (das nach Österreich, Wien und die Länder im Osten Europas führt) zu kontrollieren. Er war wahrscheinlich der Standort einer antiken Siedlung aus der Bronzezeit oder sogar aus noch früherer Zeit. Die Brennerstraße mit dem niedrigsten und gangbarsten Pass des gesamten Alpenhauptkamms war zu jener Zeit die „Bernsteinstraße", auf der das kostbare Material bereits 2000 v. Chr. von Händlern transportiert wurde. Zur Zeit der Römer zogen die Legionen von Drusus über diese Route, um Gallien zu erobern. Ihr Verlauf hat sich bis ins Mittelalter praktisch nicht verändert. Die Brennerstraße war an dieser Stelle ausgesetzt, seit jeher von Muren und Erdrutschen bedroht und wurde noch über Jahrhunderte hinweg kritisiert – 1786 auch von Goethe, der auf seiner Italienreise im Gasthof „Post" in Mittewald übernachtete. Kürzlich wurde ein erstaunlich gut erhaltener Teil dieser alten Straße an der

Brücke über den Eisack im Norden von Franzensfeste freigelegt und wiederhergestellt. So wie die späten Habsburger die Lage der Festung zur Kontrolle und Sperre des Zugangs zum Pustertal und zum Brenner nutzten, verfolgten wohl auch die Isarken (ein rätisches Volk, das im Tal ansässig war und Drusus um 15 v. Chr. unterlag) und nach ihnen die Römer dieses Ziel. Bei Grabungsarbeiten entlang der Staatsstraße fand man im Jahr 2000 einen „kleinen Schatz", der aus Goldmünzen der römischen Kaiserzeit bestand, dazu Notizen über den Bau der Festung, bei dem die Arbeiter beim Errichten der Grundmauern eine Zeitlang Skelette zu Tage förderten. Dies alles deutet auf eine antike Siedlung und Grabstätte hin.
Die Erinnerung ist eine Erzählung wert: Karl von Martony ruft, den Beobachtungen seiner Arbeiter folgeleistend, einen Pater aus dem Kloster von Neustift herbei. Diesem wird die Aufgabe zuteil, die Überreste vor ihrer Bestattung in einem Massengrab zu segnen. Jedoch sträubt sich der Pater und behauptet, die Gebeine wären einer Bestattung nicht würdig, zumal es sich um Überreste heidnischer Menschen handelt. Offensichtlich hatte der Pater ganz genau verstanden, worum es sich handelte, namentlich um alte, sehr alte vorchristliche menschliche Überreste.
Diese Anekdote, aufgeschrieben und im Amt für Bodendenkmäler in Bozen aufbewahrt, belegt die große strategische Bedeutung des Ortes seit Menschengedenken.

Der Festungskomplex, riegelt die Talsohle vollständig ab.

Die verschiedenen Ebenen des Talwerks.

Habsburg und Napoleon

Umwälzende Veränderungen in Europa an der Schwelle zum 19. Jahrhundert bewogen die Habsburger zum Bau der imposanten Festung. Der wichtigste Faktor, der die damalige Epoche entscheidend prägte und die politische Ideenwelt radikal veränderte, war die Französische Revolution.
Am folgenreichsten für die europäischen Mächte, die die Revolution zunächst nur für eine innerfranzösische Angelegenheit hielten, war der Aufstieg von Napoleon Bonaparte. Dieser schickte sich nach dem Vorbild der römischen Kaiser sowie von Alexander dem Großen an, ganz Europa zu erobern – auf Kosten der kontinentalen Monarchien, allen voran von Österreich, Preußen sowie kleinerer Staaten des Kontinents.
Um seine Siege zu erringen, veränderte Napoleon die Kriegsführung, die bis dahin wenig dynamisch gewesen war und mittelalterliche Eroberungsmethoden angewandt hatte. Statt ein Gebiet etappenweise zu erobern, stellte er mächtige Heere auf, die aus Zehntausenden von Männern bestanden – viele davon waren Freiwillige. Seine Aufsehen erregenden Blitzsiege lagen an der Führung seiner Truppen: schnell, leicht und einer durchdachten Logistik unterstützt, reiste das Militär „mit leichtem Gepäck". Es nahm sich aus wie ein Ameisenheer, das sich auf seinem Weg alles plündernd ernährte, immer angetrieben von grenzenloser Bewunderung für seinen General. Ihm gegenüber standen die europäischen Monarchien mit ihrem Offizierskorps, das traditionell aus Adeligen bestand. Die Generalstäbe alter Schule waren für Neuerungen kaum offen und entwarfen zeitraubende und komplizierte Strategien, die zum Scheitern verurteilt waren.
Napoleon führte nicht nur siegreiche Blitzkriege, er plünderte und annektierte auch, was er bekommen konnte. Ganz nebenbei säte er in ganz Europa das Gedankengut der Französischen Revolution. Die öffentlichen Debatten kreisten um Verfassungen, die Errichtung von Parlamenten, um Bürgerrechte und Reformen.

Die Ziegelrundbögen betonen den neoklassistischen Stil der Festung.

Gefährliche Brandherde entstanden, vor denen Preußen und Habsburg zitterten.
Die Siege Napoleons veränderten auch den zentralen Alpenraum: Zum ersten Mal wurde das zuvor österreichische Erbland Tirol 1805 von Österreich getrennt und Bayern zugeschlagen. Mit dem Frieden von Schönbrunn (1809) wurde Tirol geteilt: Das nördliche Tirol blieb bei Bayern, der Osten wurde dem Königreich Illyrien zugewiesen. Der südliche Teil (mit dem Trentino) ging an das italienische Königreich unter Eugéne Beauharnais, der von Napoleon zum Vizekönig ernannt wurde.
Die Niederlage Napoleons im Jahre 1813 in der Völkerschlacht von Leipzig gegen die sechste Koalition unter Beteiligung Preußens, Österreichs, Englands und Russlands (Russen und Preußen waren weit nach Frankreich vorgedrungen und hatten sogar Paris besetzt) und seine Verbannung nach Elba boten den europäischen Mächten Gelegenheit, das bewährte Machtgleichgewicht wieder herzustellen. Dies war der Beginn der sog. „Restauration", des Versuchs, zu früheren Verhältnissen zurückzukehren.
Hauptaufgabe für die Alliierten war nach dem Sieg über Napoleon die Schaffung der politischen Grundlagen für einen dauerhaften Frieden. Dies entsprach dem allgemeinen Wunsch der Bevölkerung und den Interessen der siegreichen Herrscher, die sich bewusst waren, dass neue Kriege die Stabilität ihrer Herrschaft gefährdet hätten.
Alle waren sich einig über die Auflagen, die Frankreich zu erfüllen hatte: Um gefährliche Reaktionen zu vermeiden, blieben die Grenzen des französischen Staates weitgehend unangetastet – mit einigen Verbesserungen der Grenzen von 1789. Die Neuordnung Europas fiel schwerer. Es galt, die Interessen der Siegermächte sorgfältig abzustimmen. Der Wiener Kongress wurde einberufen, nahm seine Arbeit im November 1814 auf und schloss sie am 9. Juni 1815 ab. Seine Entscheidungen gründeten vor allem auf dem Prinzip des Gleichgewichts zwischen den fünf größten Mächten Russland, Großbritannien, Österreich, Preußen und Frankreich, und damit auf der Restauration des Absolutismus. Die Revolution sollte unterdrückt, ihre Ideen ausgemerzt und die Verhältnisse der Vergangenheit wiederhergestellt werden.
Die Entscheidungen Englands und Russlands wogen im Kongress deshalb schwer, weil England die wirtschaftlich stärkste Nation war – es hatte sämtliche Koalitionen finanziert - und Russland die größte militärische Macht darstellte. Da England keine territorialen Ansprüche auf dem Kontinent erhob, konnten seine Vertreter auch bei den verschiedenen Auseinandersetzungen zwischen den Staaten vermitteln.
Englands Interesse, die russische und französische Macht im Zaum zu halten, veranlasste es, die Position Österreichs in Italien, Deutschland und auf dem Balkan zu stärken. Somit fielen das Königreich Lombardo-Venetien, das Trentino und Tirol (das ihm erst wenige Jahre zuvor entrissen worden war), Istrien und Dalmatien an das Kaisertum Österreich. An die Stelle des einstigen, 1806 aufgehobenen Heiligen Römischen Reichs trat der Deutsche Bund, der 38 souveräne Staaten, Teile Österreichs und Preußens sowie Sachsen, Bayern, Württemberg und Hannover vereinte.

Die Böden der Kasermatten in Lärchenholz, mit einer Dicke von über 25 Zentimetern, trugen das Gewicht tonnenschwerer Kanonen.

Seine Vertreter tagten in Frankfurt unter dem Vorsitz Österreichs. Die neue politische Institution sollte den Einfluss Frankreichs auf die kleineren deutschen Staaten unterbinden und Reform- bzw. Revolutionsbestrebungen unterdrücken.

Der Wiener Kongress widmete sich nicht nur der politisch-geographischen Neuordnung Europas. Die Vertreter der Großmächte wollten zwar neue Konflikte verhindern, aber auch die innere Stabilität der Staaten garantieren und die Gefahr der Revolution ein für allemal bannen. „Ruhe!“ war das Diktat, das programmatische Schlagwort dieser Zeit. Ein Wort, das in der Sprache von Klemens Wenzel Lothar von Metternich,[1] des großen österreichischen Strategen des Kongresses, das Beharren auf dem göttlichen Recht der Könige, der aristokratischen Herrschaft und der Verteidigung oder Wiederherstellung des alten Regimes umfasste. Trotz der Meinungsverschiedenheiten zwischen den einzelnen Vertretern des Kongresses förderte das Schreckgespenst der Revolution – auf das Metternich konstant und mit großem Einsatz bis 1848 verwies – den Zusammenhalt zwischen den Mächten. Es begründete sogar ein neues internationales Solidaritätsprinzip: gegen drohende Revolutionen von Innen und Außen, gegen das Auftauchen eines neuen Napoleons. So entstand die Viererallianz zwischen Österreich, England, Preußen und Russland, deren Pakt betonte: „*… Dieselben revolutionären Prinzipien, welche die letzte kriminelle Machtübernahme unterstützt haben, könnten Frankreich in anderer Form erneut erschüttern und so den Frieden der anderen Staaten gefährden.*“ Vor allem jene Staaten des Deutschen Bundes, die in gefährlicher Nähe Frankreichs lagen, befürchteten eine neue Invasion und suchten deshalb nach geeigneten Präventionsmaßnahmen. Die Grenzen wurden zunehmend durch eine Reihe von

[1] Geboren 1773 in Straßburg, begann er seine diplomatische Laufbahn 1797 als Vertreter des westfälischen Grafenkollegiums. Er wurde nach Dresden, Berlin und Paris gesandt. Zwischen 1820 und 1821 sorgte er für die Unterdrückung des Risorgimento in Italien. 1821 wurde er zum österreichischen Staatskanzler ernannt. Seine Politik zielte stets auf eine Annäherung von Österreich und Frankreich ab. Besonders berühmt bei den Italienern hat ihn eine Aussage gemacht, die er abschätzig auf dem Wiener Kongress fallen ließ: „Italien ist ein rein geographischer Begriff.“

Festungen gesichert, die vielfach nach modernen Konzepten der „neudeutschen“ bzw. „neuösterreichischen Schule“ errichtet wurden. Die neuem Prinzipien des Festungsbaus entstanden im Umfeld der Militärakademien und gingen sogar teilweise auf Studien von Albrecht Dürer zurück. Dürer war zwar als Maler und Graphiker bekannt, galt aber auch als Experte in militärischen und architektonischen Fragen: ein zweiter Leonardo da Vinci. Die Festungen wurden entlang des Rheins errichtet, an der Donau und auch im tiefsten Süden der österreichischen Monarchie: in Oberitalien, das um 1800 von Napoleon auf seinem Siegeszug durch die mitteleuropäischen Ebenen bis hin zur Poebene in die Zange genommen worden war.
So entstand im Königreich Lombardo-Venetien das berühmte Festungsviereck (*Quadrilatero*) Verona-Peschiera-Mantua-Legnago, dessen Bau um das Jahr 1830 fertiggestellt wurde. Es kam außerdem die Idee auf, zwei der wichtigsten Zugangswege Österreichs, das Pustertal und die Brennerstraße, durch eine imposante Festung, die unsere nämlich, zu sichern. Die spätere Franzensfeste sollte in nur fünf Jahren fertig gestellt werden, lange vor der Neugestaltung der Bauwerke des *Quadrilatero,* mit allen damals notwendigen grundlegenden Anpassungen und Erweiterungen. Diese durch Franz von Scholl in die Festung eingeführten Neuerungen, die auch den Gegenstand unserer Forschung bilden, wurden damals, ihrer Wirksamkeit wegen, als notwendig erachtet. Die Festung fand ihre Vollendung im Jahre 1838.

Der große „Alarmplatz“ der unteren Festung mit dem Kommandogebäude.

Erzherzog Johann von Österreich

Auf die Frage nach der Wahl des Standorts für den Bau einer Festung gibt es zahlreiche Antworten: technische, historische, strategische, logistische und sogar sentimentale Gründe.
Den Gründungsimpuls für die Franzensfeste aber lieferte die Figur des Erzherzogs Johann von Österreich, der im Alter von nur 20 Jahren zum Oberbefehlshaber der österreichischen Truppen ernannt wurde. Weil die prekäre Haushaltslage Österreichs keine rasche Mobilisierung der Armee im Kriegsfall erlaubte, sollte ein Netzwerk von untereinander verbundenen Festungen eine dauerhafte Verteidigung der Grenzen gewährleisten.
Die Geburtsstadt von Erzherzog Johann (dessen Überreste in Schenna bei Meran ruhen), war Florenz, wo er als Sohn des Großherzogs Leopold von Toskana, des späteren Kaisers Leopold II, geboren wurde. Er heiratete – für die damalige Zeit eher ungewöhnlich – eine Bürgerliche: Anna Plochl, die Tochter eines Postmeisters, und machte sich bald als Kenner des heutigen Südtirol einen Namen. Seine Leidenschaft galt der Technik, der Landwirtschaft und der Natur im Allgemeinen. Er sammelte und studierte Mineralien, erklomm unberührte Bergspitzen und Gletscher, liebte die Botanik (eine alpine Orchideenart trägt seinen Namen: das „Erzherzog-Johann-Kohlröschen“ oder *Nigritella archiducis johannis*) und die Jagd. Tirol war sein Paradies, das er wie seine Westentasche kannte, auch das Eisacktal und die umliegenden Gebiete waren ihm wohlvertraut. Er hatte die jüngsten Ereignisse der damaligen Geschichte miterlebt und kannte die Schauplätze von Kämpfen. Etwa jenes Gefecht, das 1809 in Grasstein (heute eine Fraktion der späteren Gemeinde Franzensfeste) stattgefunden hatte, wo ein Aufgebot Tiroler Landesverteidiger (500 Anhänger Andreas Hofers) unter dem Kommando von Peter Mayr die übermächtigen Truppen der französisch-sächsischen Allianz unter dem napoleonischen General Lefebvre gestellt und geschlagen hatte. Somit stellte Erzherzog Johann genaueste

Eingang zu einer Reihe von Geschützpositionen.

 Vorgaben zur Errichtung einer Festung in diesem Gebiet, wo verschiedene Einfälle der napoleonischen Truppen stattgefunden hatten. Der Auftrag zur Planung einer Festung erging an Franz von Scholl, den damaligen Befehlshaber über die Feldgeneraldirektion an der Truppenstationierung Verona. Scholl, ein vortrefflicher Festungsplaner, beauftragte Oberstleutnant Karl von Martony, als Ingenieur des Geniekorps ein Vertreter der „Neuösterreichischen Schule", mit einem Lokalaugenschein des Eisacktales, um den geeigneten Standort zur Errichtung einer voll verteidigungsfähigen Festung zu ermitteln. Sie sollte nach den neuesten Prinzipien erbaut werden, nach dem Vorbild der Festungswerke in Ulm und in Mainz an der Grenze zu Frankreich. Die Grundsätze dieser Schule des Festungsbaus, die den klassizistischen Stil dem Barock und Rokoko vorzog, waren einfach: Ein derartiger Komplex würde den Verteidigern einen riesigen strategischen und taktischen Vorteil verschaffen, sodass ein Sieg und damit die Sicherheit garantiert werden konnte. In die Praxis umgesetzt wurde dies durch linear und einfach gestaltete Bauwerke, mit mächtigen Verteidigungsbollwerken, die ebenso solide Rückzugsräume (Reduits) für logistische Zwecke beherbergten und den Kern des Bauwerks bildeten. Außerdem mussten die Gefechtsräume zum Schutz der Soldaten an den Kanonen oder Gewehren bombensicher sein und die Anlage eine aktive, oder besser gesagt, „offensive" Verteidigung ermöglichen. Die Franzensfeste stellt bis ins Detail ein Glanzbeispiel für all diese theoretischen Anforderungen dar: Sogar das Kirchlein im Inneren, das nachträglich auf dem Waffenplatz der unteren Festung, des Talwerks, im neugotischen Stil errichtet wurde, um den religiösen Bedürfnissen der Garnison Rechnung zu tragen, ist als bombensicherer Bunker ausgelegt.

Nach Erhalt des Planungsauftrags unternahm der Offizier Karl von Martony 1832 eine eingehende Besichtigung des Eisacktals, des Wipp- und des Pustertals. Seine Berichte, die Recognoscierungen *(Pron. Rekognoszierungen vom Lat. recognoscere: prüfen, untersuchen)* beschreiben exakt die damaligen Wegverbindungen

Franz I., in Galauniform mit den Insignien des Heiligen Römischen Reiches.

und sind, aus heutiger Sicht, weit mehr als eine einfache Untersuchung unter rein taktischen Gesichtspunkten. Es handelt sich hierbei nämlich um eine tiefere Untersuchung, die zugleich ethnographische und anthropologische Züge enthält. Sie analysiert den Bestand, die Lebensart, die Handlungen einer Bevölkerung und ihre Reaktionen auf Neues, die Quantität und Qualität der zum Bau von Gebäuden benötigten Materialien (Holz, Granit, Kalk, Ton usw.), so wie letztendlich auch der Zustand von den Kommunikationswegen.

So wird der Jaufenpass als „Saumpfad" beschrieben, „im Winter gefährlicher als im Sommer" – wie auch das Penser Joch, die Verbindung zwischen Weitental-Pfunders und dem Pfitscher Tal durch den kleinen Weiler Dun. Ein Durchkommen für feindliche Truppen mitsamt Ausrüstung und Waffen war auf den gebirgigen Übergängen abseits der Brennerstraße also praktisch unmöglich. Die einzigen Verbindungen waren die seit der Antike benützten Straßen der Römer durch das Puster- und das Eisacktal. Der beste Punkt, um sie zu kontrollieren, lag an der unmittelbaren Verengung des Tals, auf jenem Felsvorsprung, der sich von der Geländerippe des Berges zur Schlucht des Eisacks bei Aicha hinzieht, an der „Ladritscher Brücke", die schon in römischer Zeit erwähnt und wohl damals errichtet worden war. Die Brücke befindet sich heute nicht mehr an ihrem ursprünglichen Standort, der anscheinend einige Meter Luftlinie nördlich der heutigen Staumauer entfernt lag. Heute findet sich eine Brücke mit demselben Namen, jedoch weiter nach Süden verschoben und erbaut in den 60er Jahren anstelle der bisherigen Holzkonstruktion. Ein gegen Ende des 19. Jahrhunderts entstandenes Bild zeigt die Reste des Brückenkopfes (des Steinsockels, auf dem die Holzkonstruktion aufruhte) der alten Ladritscher Brücke.

Die Eisackschlucht im Osten der Festung um 1904. Man sieht die Reste des Kopfes der Ladritscher Brücke, die die Römer unter Drusus 15 v. Chr. errichtet hatten.

Reise von Mühlbach über Sterzingen den Jauffen in das Passayer Thal nach Meran und von da über Botzen nach Mühlbach zurück.

Der Weg von der Ladritscher Brücke angefangen durch das Wippthal bis in die Nähe von Sterzingen bietet in militärischer Beziehung nichts besonders bemerkenswertes dar. Bei Mauls öffnet sich rechts das Maulser Thal durch welches ein Saumweg über das Valser-Jöchl in das Valser Thal oder auch auf die Spingser Höhe führt. Ebenso kommt man von Mauls sich links wendend auf einen Fußweg über das Penser Joch in das Penser Thal und von demselben durch das Sarnthal nach Botzen.
Sterzingen liegt in einer bedeutenden Erweiterung des Wippthales, in welcher das Pfitsch, Ratschings- und Jauffens Thal sowie das Thal von Mareith sich vereinigen. Gleich hinter der Stadt vereinigt sich das Wippthal, durch welches die Straße nach Innsbruk fortzieht. Die Lage von Sterzingen hat als ein Vereinigungspunkt mehrerer Thäler einige Bedeutung, jedoch von untergeordneter Art, da die Nebenthäler nur Saum- und Fußwege als Communikationen darbieten. Die beiden alten Schlösser Sprechenstein und Reifenstein zu beiden Seiten des Thal, ersteres auf einem hohen Felsen östlich, letzteres tiefer auf einer isolierten Felsenhöhe westlich gelegen, zeigen, dass man schon von Alters her eine Vertheidigung des Thales beabsichtigte, und laden noch jetzt hierzu ein, besonders wenn noch die vorteilhafte Höhe von Thums seitwärts von Sterzingen mit benutzt werden wollte.
Von Sterzingen führen zwei Wege über den Jauffen. Der eine durch das Jauffenthal über Hinter-Eck ist die schlechtere; der zweite über Gasteig längst dem nördlichen Abhange des Kalcher Berges über Gschwend und Kalch auf das Joch ist der besuchtere. Beide Wege sind auf beiden Seiten des Berges Saumwege, die zur Zeit als Tirol unter drei Regierungen getheilt war, des Handels wegen mehr als jetzt benützt wurden. Dermahlen geben sich nur wenige Bauern des Passayer Thals mit dem Säumen ab, vorzüglich des Salztransportes wegen, und der Weg wird meistens zum Viehtrieb benützt. Große Herden von Ziegen und Schafen, tief in Ungarn aufgekauft, wandern über den Jauffen auf die fetten Almen des Passayer Thales, von wo sie nach kurzer Zeit gut gemästet nach Italien getrieben werden.
Die Passage über den Jauffen auf den angezeigten bequemen Wegen hat beschwerliche, steile Stellen, aber nichts gefährliches, sie ist im Winter besser als im Sommer. Auf Saumtieren kann man den Weg reitend zurücklegen, was jedoch vom Joche abwärts gegen St. Leonhard und zwar bis an das Dorf der außerordentlichen Steile wegen, nicht anzuraten wäre. Von Sterzingen bis St. Leonhard müssen 6 Stunden gerechnet werden, nämlich 3 Stunden bis hinauf auf das Joch und ebenso viele von dort hinab bis St. Leonhard.

Von St. Leonhard nach Meran besteht nur ein Saumweg, der, bis auf eine halbe Stunde von Rifflen, im Thale längs dem Passayer Bache fortzieht, dann aber sich an den östlichen Abhängen der das Thal bildenden Gebirge bis Rifflen erhebt, von wo er sich oft in steilen Absätzen nach Meran herabsenkt.
Im Thal überquert der Weg an mehreren Stellen den Passayer Bach auf schwankenden, langen Brücken, welche allzu oft zerstört zu werden pflegen, als daß die nicht zahlreichen Bewohner des Thales sie solider herstellen zu lassen im Stande wären. Der ganze Thalweg zeigt Spuren der Verwüstungen dieses Wildbachs; das Thal ist in seiner ganzen Breite sein Bette, wenn er anschwillt; es ist durchwühlt und mit Sand und Steinen dermaßen bedeckt, daß nur wenige spärliche Wiesen hie und da Platz finden.

Einer der vier Trinkwasserbrunnen.

Das Tal im 19. Jahrhundert

Zur Zeit der Erhebungen Karl von Martonys, der dann mit zwei weiteren Offizieren der Armee die bauliche Leitung der Festung übernehmen sollte, existierte das heutige Dorf Franzensfeste (das nach der Festung von Franz I. benannt wurde) noch nicht. Es entstand erst später, mit der Errichtung der Eisenbahn und des Bahnhofs (1867) und der Zuwanderung von Arbeitern und armen Familien aus Vorarlberg und dem nördlichen Tirol. Der Name der Ortschaft geht, wie auch ihre Entstehung, eindeutig auf den Bau der Festung zurück.

Zu Beginn des 19. Jahrhunderts gehörte dieses Gebiet zur Gemeinde Mittewald, heute eine nördliche Fraktion von Franzensfeste. Noch heute ist das Territorium von Franzensfeste der Katastralgemeinde Mittewald zugeordnet. Die enge und schattige Talsohle war dünn besiedelt. Es gab nur ein paar Höfe in unmittelbarer Umgebung des späteren Bahnhofs, die von den mageren Erträgen der Landwirtschaft lebten – und wohl auch von den Nebeneinkünften aus dem Pferdevorspann, der den vorbeiziehenden Wägen die Auffahrt auf den Felssattel, auf dem heute die Festung steht, erleichterte. Von dort fuhren sie dann an der Hangmitte des Berges Richtung Brixen weiter. Der älteste dieser Höfe ist der „Reiferhof", Vorläufer des heutigen „Hotel Post-Reifer", der schon Ende des 17. Jahrhunderts als Bauernhof erwähnt wird und sich allmählich zum Stützpunkt und zur Raststätte für Kutschen und Postwagen entwickelte. Damals befand er sich an der Stelle des heutigen Bahnhofs und wurde mit dessen Errichtung um einige 100 Meter nach Osten versetzt. Dies geschah um 1860, als die Wiener Regierung beschloss, das Verkehrsnetz des Reiches zu erweitern und zu beschleunigen, sodass daher zuerst die Brennerlinie und danach die Pustertaler Strecke errichtet wurden. Auf dem Gebiet der heutigen Gemeinde befand sich südlich des Dorfes die kleine Siedlung Unterau. Der gleichnamige Gasthof, eine Kapelle und die sieben Häuser des Weilers waren in die

Treppen aus Granit verbinden die verschiedenen Ebenen der Festung.

Wiesen eingebettet, die seit 1939/40 vom Stausee bedeckt sind. Einen Kilometer weiter nördlich befand sich das Dörflein Oberau mit seinem Kirchlein, das bereits 1669 zur Pfarrkirche erhoben worden war. Dies war der sonntägliche Treffpunkt für die wenigen Einwohner dieser Gegend. Diese beiden Weiler, die sich in Namen und Erscheinungsbild wie ein Ei dem anderen glichen und wenige Dutzend Einwohner beherbergten, waren alles, was es in diesem Gebiet nördlich der heutigen Franzensfeste gab. Heute genügt es, sich Oberau anzusehen (das nicht mit der wenige Meter südlich gelegenen Siedlung verwechselt werden sollte, die nach einem heute abgerissenen Sägewerk Sams heißt), sowie die Gegend um das alte Kirchlein, um sich vorstellen zu können, wie das nun verschwundene Unterau aussah. Das heutige Franzensfeste hingegen war gewiss nicht der ideale Siedlungsraum für die bäuerliche Bevölkerung, die seit jeher die „Sonnenseite" eines Hanges bevorzugt: Es bot viel Schatten, karge Siedlungen, eben das, was man heute als unwohnliches Gebiet bezeichnen würde. Aber der Raum war trotzdem Schauplatz erbitterter Kämpfe und Schlachten.
Ausgerechnet in Oberau, in unmittelbarer Umgebung des Weilers, fanden 1809, zur Zeit der napoleonischen Kriege, blutige Kämpfe statt. Die Bauern kämpften wie die Löwen und schlugen die Soldaten der französisch-sächsischen Allianz beim einige Kilometer nördlich gelegenen Grasstein. Entlang des Berghanges bei Spinges rauschten im Westen die wilden Gewässer des Eisacks. Dort, an den Wiesen Unteraus, hatte der reißende Fluss eine Schlucht ausgegraben, die immer tiefer wurde und um den Felsvorsprung herumführte, auf dem die heutige Festung steht. Die Granitbank zwang den Fluss zu einer weit ausholenden Windung, sodass er alle drei Seiten des Felsens umspülte, bevor er weiter in Richtung Riggertal, Neustift und Brixen toste – wo sich die Wasser dann beruhigten. Auf dieser Straße waren bereits

Die Festungsanlage von Süden, um 1850; Kupferstich aquarelliert.

die römischen Legionen unter Drusus marschiert: von Norden kommend, in der Nähe der Ladritscher Brücke (siehe vorheriges Kapitel), gabelte sie sich. Während eine Abzweigung in Richtung Pustertal verlief, führte die andere auf der rechten Talseite, etwas höher als die heutige Autobahn, in Richtung Süden weiter, fiel gegen Brixen hin ab und überwand so den Felsvorsprung, der sich bis zur Schlucht des Eisacks hin erstreckte. Noch heute weist das Wappen von Franzensfeste auf diese Gabelung hin.
Der Felsvorsprung, der schon die Aufmerksamkeit des Erzherzogs Johann auf sich gezogen hatte, erwies sich für Karl von Martony als der ideale Ort: Der Bau einer Festung an dieser Stelle ermöglichte eine gleichzeitige Kontrolle der für den Alpenraum zentralen Brennerstrecke sowie der Pustertaler Route in Richtung des Drautals-Wien und verlieh dem Punkt einen strategischen Mehrwert. Außerdem konnte der zum Bau einer Festung benötigte Granit praktischerweise an Ort und Stelle bzw. in der Umgebung abgebaut werden (Karl von Martony notierte die damals schon für den Bau von Höfen benutzten Stollen in Pfunders und Pfalzen). Das Riggertal zu Füßen des Vorsprungs sollte den Ton für die Ziegel liefern, in Meransen und Bruneck gab es Mühlen und Öfen für den Kalk, der dort auch vorkam und notfalls sogar aus St. Vigil in Enneberg geholt werden konnte. Das für den Bau benötigte Wasser war dank des Eisacks genügend vorhanden.

Der Weiler Unterau, der durch den Bau des Dammes und die Stauung des Sees 1940 ausgelöscht wurde, um 1910.

Ein ungewöhnliches Bild: der verschneite Eingang zur mittleren Festung.

Die Realisierung des Projekts

Man schrieb das Jahr 1832. In Wien betonte Metternich die von Frankreich ausgehende Gefahr (was er bis 1846 tat, als er zeitweilig entmachtet wurde) und versetzte Europa in Alarmbereitschaft. Den Martony-Bericht nahm General Franz von Scholl in Empfang, versah ihn mit Anmerkungen und leitete ihn an den Erzherzog weiter. Da Johann seine Thesen untermauert sah, beauftragte er von Scholl mit der Projektausarbeitung. In der Zwischenzeit hatte der Bau eines Verteidigungsgürtels mit Festungen im Süden des Reichs (im Bereich der Poebene) begonnen. Um 1830 entstanden die Festungen von Verona, Legnago, Peschiera und Mantua: der berühmte „Quadrilatero", auch ein Projekt von Scholl. Sie wurden erst nach Fertigstellung der Festung von Franz I. „an der hohen Brücke von Aicha" oder (wie auf anderen Zeichnungen vermerkt) „an der Ladritscher Brücke" erweitert und verstärkt. Von Scholl hatte eine geniale Idee, die nach den Regeln der neuen deutschen Schule des Festungsbaus verwirklicht wurde und in vielen Punkten auf die Klassik verweist, die goldene Epoche Athens oder das Kaiserreich Rom. Ein Festungs-Projekt mit klarer, einfacher Linienführung, in klassizistischem Stil, absolut funktionell und vom Konzept her uneinnehmbar. Scholls Entwurf sah eine Anlage vor, die sich auf drei verschiedene Ebenen verteilt und sich zum Teil dem natürlichen Geländeverlauf anpasst (ein Teil des Granitfelsens wurde jedoch ausgehoben und zum Bau verwendet). Sie bestand nur zum Schein aus drei Einheiten, in Wahrheit aber waren es vier deutlich abgetrennte Teile, dem römischen System der Städteeinteilung gemäß, konzipiert als autonome Teile eines Ganzen, sei es in militärischer Hinsicht wie auch im täglichen Leben der Garnison. Eine Einheit konnte die andere schützen, wobei die obere Festung wie eine Art antike Akropolis über die mittlere und untere Festung wachte und gleichzeitig die Talsohle kontrollierte. Die obere Festung bezeichnete auch den letzten Schlupfwinkel im Falle einer Eroberung durch Feindeshand (die aber nie stattfand), von wo man den Gegenan-

Die Geschützpositionen sind mit großer Regelmäßigkeit aneinandergereiht.

griff koordinieren konnte, eine Akropolis im wahrsten strategischen Sinne des Wortes. Für die Struktur des gesamten Komplexes war eine schweren Bestückung mit Geschützen vorgesehen. Zu jener Zeit waren Kanonen und Gewehre Vorderlader, deren Reichweite sich keineswegs mit den nur wenige Jahre später entwickelten, effizienteren und stärkeren Waffen messen konnte.

Der Beginn der Bauarbeiten in diesem Gebiet stellte einen beträchtlichen Einschnitt für die damalige Gemeinde Mittewald dar. Die Festung wurde in Rekordzeit erbaut. Von der Grundsteinlegung 1833 bis zur Einweihung durch den neuen Kaiser Ferdinand I., den Nachfolger Franz' I., vergingen nur fünf Jahre. Ein derartiges Tempo und eine dermaßen präzise Ausführung erforderten einen Arbeitseinsatz von beeindruckendem, fast epischem Ausmaß. Der Vergleich mit anderen Ortschaften, die plötzlich von riesigen, innovativen Baustellen eingenommen wurden, bietet sich förmlich an. Die Auswirkungen auf den engen Talkessel und seine spärliche Landbevölkerung waren enorm. Diese Entwicklung war aus wirtschaftlicher Sicht gewiss ein wahrer Segen, in sozialer Hinsicht erwies sie sich jedoch als große Herausforderung. Die Zahl der einfachen Arbeiter und Soldaten auf der Baustelle belief sich auf über 4500 und übertraf damit die Bevölkerung des nahen Brixens, das damals schon die drittgrößte Stadt Südtirols, um über 1000 Personen. All diese Menschen wollten verpflegt sein – zudem zog die Baustelle eine Schar anderer Leute an: Großhändler und Handwerker, aber auch Prostituierte, die die jungen, einsamen Männer trösteten und sie die durch ihre käuflichen Dienste die Last des Alltags für kurze Momente vergessen ließen. Die detaillierten Arbeitsjournale beschreiben diese Menschenmassen genau: Es gab 1721 spezialisierte Arbeiter, darunter Sprengstoffexperten und Bergleute; insgesamt waren 4448 „Hilfsarbeiter" bzw. Handlanger beschäftigt, deutschsprachige Soldaten verschiedener Einheiten sowie Südslawen, Italiener, Ungarn und Tschechen. Dazu eine ansehnliche Gruppe von Steinmetzen aus Genua, aber auch aus der Gegend von Bergamo und aus Kroatien: Experten im Bearbeiten von Granit, der damals als äußerst kostspieliges Baumaterial

galt. Die Arbeitermassen lebten in Barackenlagern in Unterau, Aicha, aber auch in Vahrn und Pfalzen, wo die Steinblöcke herkamen.

Diesbezüglich, also hinsichtlich des Ortes der Beschaffung des besten Granits, der dann für die gewaltigen Eingangstore, für die mächtigen, einem eventuellen Feindesangriff ausgesetzten Mauern verwendet wurde, stellt Pfalzen nicht wenige Ungereimtheiten für diejenigen dar, die wissen, dass es um das Sonnenplateau herum keine Granitsteinbrüche gibt. In Wahrheit ist es viel einfacher: Die Ebene war übersät von riesigen Findlingen, die nach der langen Arbeit der Gletscher glatt und ohne Risse geworden waren. In Übereinkunft mit den dort lebenden Bauern, die nur zu gern ihre Felder gesäubert von Unebenheiten und Hindernissen sahen, bauten die Bauarbeiter der Festung die Blöcke ab und verfertigten sie halb an Ort und Stelle. Die Leitung der Bauarbeiten (also Karl von Martony und die Seinen) sorgte auch für die Umarbeitungen an der Straße von Vintl nach Schabs, zum Beispiel mit dem Bau der Brücke über den Vallerbach am Ende Mühlbachs, sowie mit der Begradigung der mittelalterlichen Straße, um einen einfacheren Transport der schweren Granitladungen in die Gegend um der Ladritscher Brücke zu gewährleisten.

Aquarell des Festungsprojektes von Franz von Scholl, 1832.

Tatsächlich entstanden in kürzester Zeit richtige Zentren, Dörfer aus Holzbuden, funktionell konzipiert und gleichzeitig mit der Festung geplant. Innerhalb dieser Siedlungen, deren Aufbau mitsamt der Kanalisierung aus Holzrinnen etwa 72.400 Gulden gekostet hatte (nach heutiger Umrechnung ungefähr 500.000 Euro), entstanden Geschäfte, Wäschereien, öffentliche Bäder und Gemeinschaftsküchen – eine Art primitiver „Dopolavoro", mit Lokalen zur Einkehr nach der Arbeit. Marketender versorgten die Baustelle mit Bier, Schnaps, Brot und Wasser, allem Nötigen für eine Jause. Ein gutes Geschäft für die Ortsansässigen, da Lieferanten aus dem nahen Pustertal (das Dorf Mühlbach ist einer der ältesten Märkte), Brixen und Sterzing herbeiströmten.
Ein eigenes Problem bildete die Verwaltung und Koordination einer derartigen Menge von Arbeitern aus den unterschiedlichsten Regionen und Nationen. Die Barackendörfer erschienen wie ein Mosaik der Nationalitäten der Habsburgermonarchie, mit Deutsch als Gemeinschaftssprache, das natürlich nicht alle beherrschten. Dieses Problem wurde an der Baustelle gelöst, indem diese Vielzahl von Personen unter Berücksichtigung der Nationalitäten in Arbeitseinheiten zu je 200 Personen aufgeteilt wurde, die einem Offizier unterstanden. Dieser erstattete seinem Vorgesetzten täglich Bericht, nach einem Pyramidensystem, an dessen Spitze Karl von Martony stand, der mittlerweile zum Oberst aufgestiegen war, zusammen mit seinen engsten Mitarbeitern, den Hauptleuten Franz Magdich von Magdenau und Lazarus Mamula. Es gab zahlreiche Unfälle und Erkrankungen auf der Baustelle, oft mit tödlichem Ausgang. Die Opfer wurden in einem Massengrab in Brixen beigesetzt, an das im heutigen Park des alten Sanatoriums eine kleine Stele und eine Steinplatte, die das Grab verschließt, erinnern. Eine weitere Katastrophe war die Cholera-Epidemie, die 1832 ihren Höhepunkt erreichte und im Tal, auch in Sterzing und Brixen, zahlreiche Menschenleben forderte. Auch die hygienischen Verhältnisse der Arbeiterschaft waren prekär. Es war eine Zeit, in der man sich nur selten wusch, in der man in den Küchen wenig Sauberkeit kannte und die Riesenmengen an Nahrungsvorräten für den täglichen Bedarf angehäuft und oft schlecht konserviert verwendet wurden, mitunter auch, wenn sie verdorben waren. Man stand also vor zahlreichen gesundheitlichen Problemen und Risiken; für den Mangel an Medikamenten musste die alte Brixner Apotheke Peer aufkommen. Diese aber war für eine Bevölkerung von 3000 bis 4000 Einwohnern gedacht und konnte somit den neuen Bedürfnissen der riesigen Baustelle nicht nachkommen, sodass die Bauleitung und das Kommando der zu errichtenden Festung 1835 beschlossen, unter den Brixner Lauben ein Lokal (der Standort wurde dort festgestellt, wo sich heute der Haushaltsartikelladen „Oberhuber" befindet) anzumieten und es als „Festungsapotheke" zu nutzen.

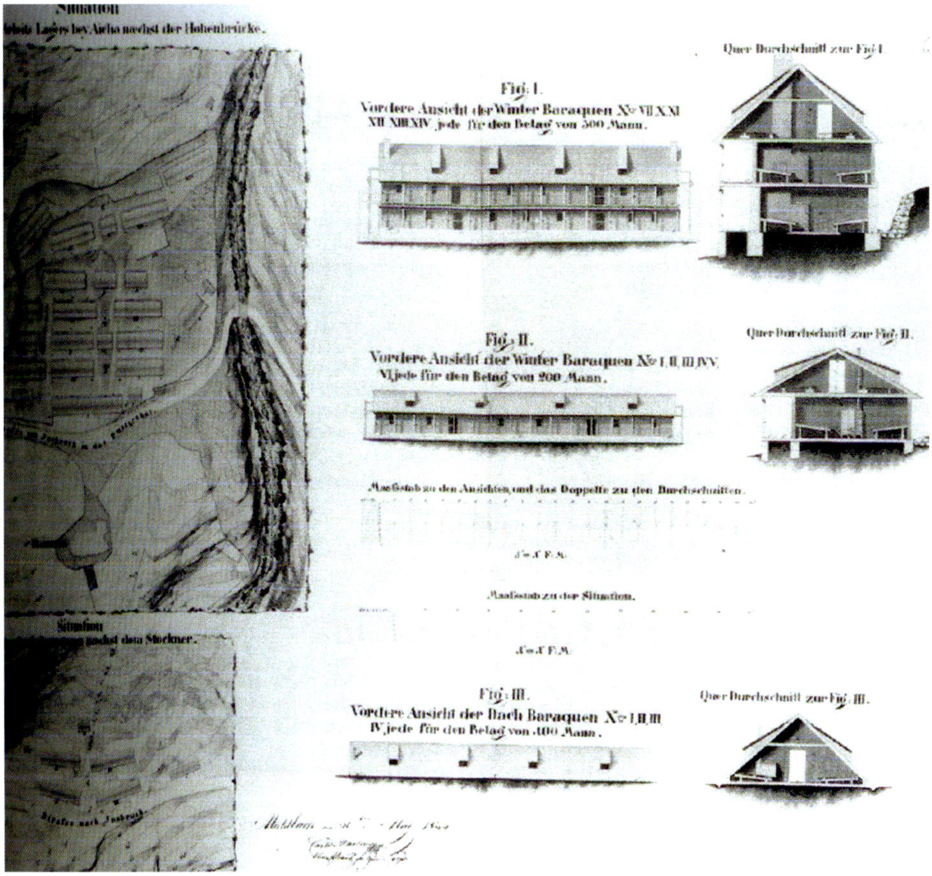

Projekt der Barackenlager der Baustelle in Unterau, 1832.

Die obere Festung mit der Zitadelle als letzter Zuflucht bei feindlicher Einnahme der unteren Festung.

DIE EINWEIHUNG, erzählt von Beda Weber[2] *-Original(dt.)-*

Am 17. August verließen die Majestäten Innsbruck und reisten dem Süden zu. Am 18. August, auf der Fahrt von Sterzing nach Bozen, geruhte nun der Keiser in seinem Allerhöchsten Beisein die Einweihung und Taufe der Festungswerke bei Aicha vornehmen zu lassen. Seit dem Jahre 1833 wurde der Bau begonnen und nun stand er fertig da, wie ein Löwe trotzend und doch malerisch schön an der Ausmündung des engen Eisacktales. Auf dem oberen Festungswerke begrüßten die Geschütze den Anbruch des Festtages mit vierzig Schüssen. Vor dem Haupttore des unteren Werkes prangten von Flaggen überschattet zierliche Waffensäulen. Vor denselben war der Altar errichtet, welchen in einiger Entfernung zu beiden Seiten die Zelte der Majestäten und des fungierenden Bischofs mit Klerus umgaben. Zahllose Zuseher aus allen Bevölkerungsschichten besetzten die gefällig angebrachten Tribünen, sowie die Abhänge der umstehenden Berge. Um 10 Uhr vormittags verkündeten der harrenden Menge die Festungskanonen das Herannahen des Kaiserpaares. Die k. k. Truppen wurden den Gezelten gegenüber aufgestellt; an sie reihten sich die Landesschützen von den Bezirken Brixen, Mühlbach, Bruneck, Welsberg und Taufers. Als sich die Majestäten dem Altare näherten, trat der Fürstbischof von Brixen in Pontifikalkleidung mit seinen Assistenten, das Weihwasser reichend, entgegen, und als Allerhöchst dieselben sich unter dem Gezelte an den Betstühlen niederließen, begann die Weihe und die Kanonen schwiegen. Der Fürstbischof sprach mit dem Klerus die eigens von ihm für diesen festlichen Zweck zusammengestellten Gebete und Psalmen und rief dabei den Allerhöchst bestimmten Namen „Franzensfeste" aus. Als dieser Name feierlich ausgesprochen wurde und der Feste der Segen erteilt, flaggten auf den Werken die Fahnen und die Salven der Geschütze ertönten im hundertfältigen Widerhall. Gleichzeitig wurde von Offizieren des Ingenieurkorps über dem aus Granitmassen einfach und doch imposant gebauten Tore die Inschrift enthüllt: „Franciscus I. inchoavit anno 1833, Ferdinandus I. perfecit anno 1838."

Der Fürstbischof hielt sofort an den Kaiser eine kurze, ergreifende Ansprache, worin er hinwies auf die Bedeutung der eben vollzogenen Weihe, den Segen Gottes auf das Haupt des erlauchten Monarchen herabflehte und im Namen sowie aus dem Herzen aller zu Füßen Sr. Majestät das Gelöbnis der Treue legte: „einer Treue, die unerschütterlich ist, weil (sie) auf Gott gebaut". Die Majestäten näherten sich dann mit dem

---

[2] Beda Weber, eigentlich Johann Chrysanth Weber, 1798 in Lienz geboren, am 28. Februar 1858 in Frankfurt am Main gestorben, war Schriftsteller, Theologe und Abgeordneter der Frankfurter Nationalversammlung zwischen 1848 und 1849. Er besuchte das Gymnasium in Bozen, um danach in Innsbruck Philosophie zu studieren. Schließlich trat er der Abtei Marienberg in Burgeis (Vinschgau) bei, wo er den Namen Beda annahm. Ab 1821 studierte er Theologie, zuerst in Innsbruck, später in Brixen. 1828 wurde er zum Priester geweiht und unterrichtete daraufhin am Gymnasium der Benediktiner in Meran. 1848 wurde er als Vertreter von Meran in die Nationalversammlung gewählt. Ab 1849 war er bis zu seinem Tod als Pfarrer der katholischen Gemeinde in Frankfurt tätig. Während seiner politischen und geistlichen Laufbahn schrieb er zahlreiche Biographien und Reiseführer. Er verlegte auch die Werke von Oswald von Wolkenstein.

Fürstbischofe dem Festungstore, an welches der Bischof mit einem silbernen Hammer drei Schläge und hierauf der Kaiser ebenso viele Schläge machte. Die Tore öffneten sich und Erzherzog Johann überreichte dem Kaiser den Schlüssel der Feste, welchen dieser dann dem Militärkommandanten von Tirol übergab. Die Kanonen donnerten, die Regimentsmusik intonierte die Volkshymne, lebhafte Vivats mischten sich in den Chor. Der Kaiser begab sich in hoher Begleitung auf das obere Fort auf dem Berge. Zurückgekehrt ließ er sämtliche Truppen, bei 4000 Mann, und die Landesschützen, bei 700 Mann, mit ihren Feldmusiken defilieren. Als die Majestäten ihre Fahrt nach Brixen antraten, brach die Menge in lauten Jubel aus. „So endete eine Feier, deren Erinnerung solange fortleben, als die Franzensfeste Jahrhundert trotzen wird.“

„Originalfestbericht“ Beda Weber <Denkbuch der Erbhuldigung in Tirol>, Innsbruck 1838, S. 138 ff.

Einweihung der Festung am 18. August 1838, Kupferstich aquarelliert.

Die Anlage

Bei der Besichtigung der Festung ist zunächst festzuhalten, dass es sich weder um ein Schloss, noch um eine Kaserne handelt. Die Festung ist als Komplex zur aktiven Verteidigung geschaffen und so geplant, dass sie jeglicher Abnützung durch den „Zahn der Zeit" erstaunlich lange standhalten kann – als militärische Anlage ohne Schnörkel oder Tand. Das Projekt von Franz von Scholl beweist klare Einflüsse der Schulen Vaubans und Montalemberts des 18. Jahrhunderts, jedoch widersetzt er sich ihnen in einigen Zügen und aus Gründen der Erneuerung. Es zeigt ein äußeres Polygonalsystem mit spitzen Winkeln, eine Anlage zu reinen Kontroll- und Verteidigungszwecken, mit Innenflächen, die der Logistik dienen und von Einzel- oder Gebäudekomplexen beherrscht werden, die sich direkt in die äußeren Mauern einfügen und in Richtung Festungsinneres verlaufen, sodass, wo nötig, der Zugang von Soldaten in die Bereiche mit feindlichem Direktkontakt gesichert war. Die gesamte Anlage gliedert sich in autonome Verteidigungsblöcke und erscheint auf den ersten Blick äußerst komplex und uneinheitlich. Sie wurde entworfen, um feindliche Truppen, die die äußere Eingrenzung überwunden hatten, zu verwirren. Im Falle eines feindlichen Einbruchs blieb das Widerstandspotenzial hoch.

Am 18. August 1838, am Tag der Einweihung, hätte sich also wohl folgendes Landschaftsbild geboten: Der imposante Komplex der oberen und mittleren Festung *(auch wir benutzen hier aus Gewohnheit und aus Gründen der Klarheit die vom Militär fälschlich eingebürgerten Termini nach dem Ersten Weltkrieg. In Wahrheit wurde bereits hervorgehoben, wie die Festung das Talwerk bezeichnet, während die sog. obere Festung die Akropolis des „Oppidums" der wehrhaften Zitadelle darstellt, A. d. A.)*, der am Felsen klebt; im Osten die tiefe, vom Eisack ausgehobene Schlucht, ein unpassierbarer Wall, der fast alle drei Seiten des Bauwerks umfängt. Ganz im Westen die Brennerstraße, die einige Dutzend Meter von der Festung entfernt die Anhöhe erklimmt und sie über eine Art Sattel an der Hangmitte überwindet. Von der Bren-

Ein Labyrinth von Treppen und Rampen sollte eingedrungene Feinde in der oberen Festung verwirren.

37

Im Herzen der unteren Festung: rechts das „Kassenhäuschen".

 nerstraße zweigt eine schmale kleine Straße ab, die, tief im Felsen eingebettet, eine baumlose Ebene durchquert, um schließlich den geschützten Festungseingang auf der nordöstlichen Seite zu erreichen. Von hier aus gelangt man direkt in den unteren Stock des Hauptgebäudes der unteren Festung, des Talwerkes. Hier liegen die Diensträume des Kommandos, die in Richtung Süden zwischen zwei Reihen von Geschützkammern an die Backöfen für das Brot anschließen. Diese Art Diensteingang wurde durch den Bau des Stausees und der neuen Staatsstraße beseitigt. Geblieben ist das große Tor in Richtung Osten, das sich direkt auf den See hinaus öffnet. Am Eingang und am Befestigungsgang weist es zwei Verteidigungsmauern mit Schießscharten auf.

In Richtung Westen hingegen, in unmittelbarem Kontakt zur Brennerstraße, auf dem von einem tiefen Graben eingegrenzten, ausgedehnten Hang, der so angelegt ist, dass feindliche Geschütze nicht eingesetzt werden können, führen zwei kleine Straßen den Besucher direkt zum Haupteingang, wo sie sich vereinen und so eine Art umgekehrten Trichter bilden.

Der monumentale Eingang besteht aus drei Granitblöcken, zwei senkrechten, über vier Meter hohen Pfeilern und einem Träger. Überragt wird das ganze vom doppelköpfigen Reichsadler; auf dem Träger steht in bronzenen Lettern: „Franciscus I. inchoavit anno 1833 – Ferdinando I. perfecit anno 1838 (Begonnen 1833 unter Franz I. – vollendet durch Ferdinand I. im Jahr 1838). Jeder der drei Blöcke wiegt rund 18 Tonnen. Lässt man das erste Eingangstor hinter sich, steht man vor einem weiteren, gleich konzipierten Eingang, der von einer von Schießscharten durchzogenen Mauer gesäumt ist. Dieser zweite Eingang bildet mit dem ersten eine rautenförmige Konstellation, die von Wachen kontrolliert wird. Zwischen diesen beiden Toren erfolgte die Kontrolle und Identifikation der Besucher, etwa so, wie sie heute in Kasernen zwischen Haupteingang und der darauf folgenden Schranke vorgenommen wird.

Vor der unteren Festung, senkrecht zu ihrem Haupteingang, geht ein Zufahrtsweg ab und verläuft steil in Richtung obere Festung, während einige Meter weiter

südlich die fast zwei Kilometer lange kurvige Zufahrtsstraße von der Brennerstraße zur Zitadelle der oberen Festung abzweigt. Zum Teil ist die Straße heute noch erhalten. Auch sie ist zur Verteidigung angelegt und führt zu einem großen Plateau, auf dem sich die beeindruckende und mächtige Westmauer der oberen Festung erhebt. Hier liegt ein großes Eingangsportal, ein genaues Abbild des Tores der unteren Festung (mit dem Unterschied, dass die Inschrift nur die Jahreszahlen in römischen Ziffern wiedergibt). Als Sicherheitsverbindung zwischen den beiden

Der Talkomplex aus dem Blickpunkt der Militärstraße, die zur oberen Festung führt. Im unteren Vordergrund Wohnhaus und Barackenlager.

 Bauwerken (Höhen- und Talwerk) dient eine enorme Treppe mit 451[3] Stufen innerhalb eines gewölbten Tunnels. An den Frontseiten des oberen Baus und des im Tal gelegenen Komplexes stechen die Kaponnieren hervor, niedrige halbrunde Türme, die mit Schießscharten versehen, einer Gruppe Gewehrschützen freie Sicht und gleichzeitig eine effektive Schussweite über einen Bogen von über 200 Grad gewährten. Vom Felsvorsprung aus beherrscht die mittlere Festung im Osten den Zugang zum Pustertal und kontrolliert die „neue" Ladritscher Brücke vollständig. Auf der Pustertaler Seite der Eisackschlucht, auf der orografisch linken Talseite, findet sich ein Anbau zu Verteidigungszwecken: ein kleiner autonomer, zweistöckiger Bunker (eine dritte, tiefer gelegene Ebene führt in Richtung Schlucht hinaus) zur Verteidigung und Kontrolle der damals noch hölzernen Brücke – der einzigen Verbindung mit dem Hauptkomplex. Auf der oberen Ebene befinden sich die Schießscharten für die Kanonen, auf der unteren, auf gleicher Höhe mit der Straße, die Stellungen für die Gewehrschützen. Dieses Gebäude hätte im Falle einer feindlichen Übernahme von der mittleren Festung aufgegeben werden können.
Dem aufmerksamen Betrachter entgeht nicht die Besonderheit der Schießscharten, von denen jede einzelne ihren eigenen Schusswinkel hatte. Eine Studie der Geometerschule „Dellai" in Bozen im Rahmen eines didaktischen Feldprojekts für Diplomanden hat ergeben, dass die Sicht und der Schussradius für die Geschütze vom Inneren des gesamten Bauwerks aus durch die Schießscharten 360 Grad abdeckten.

[3] Die nachfolgenden Kapitel behandeln das „Geheimnis" der Treppe, die nicht gemäß dem Projekt errichtet wurde, das 433 Stufen und auf halber Höhe einen Treppenabsatz, von dem ein Stollen wegführte, vorgesehen hatte. Wir lassen diese Zahl gelten, obwohl eine Erhöhung des Fußbodens am Ansatz der Treppe auf das Vorhandensein einer weiteren, fast völlig verdeckten Stufe schließen ließe.

Das neugotische Kirchlein, entworfen 1845 von Hauptmann Gedeon von Radò.

A
Brixen
Insbruck
C
D
E
E i s a k
B a c h

Innerhalb der Mauern

Betrachtet man die untere und mittlere Festung von oben und verfügt über eine gewisse Kenntnis der internen Aufteilung der Redouten, so fällt ein planerisches Detail auf, das den gesamten Bau als eine Art riesige „Matryoshka" erscheinen lässt, jene russische Holzpuppe, die immer eine noch kleinere, identische Puppe enthält. Prinzipiell wurden die drei Hauptkomplexe der Anlage – untere, mittlere und obere Festung – geplant, um unabhängig voneinander bestehen zu können, obwohl sie eng miteinander verbunden sind. Es fällt aber auf, wie die drei Bereiche wiederum in kleinere Einheiten aufgeteilt sind: die Verteilung der internen Einzelgebäude sowie ihre Verbindung untereinander erlauben den schnellstmöglichen Übergang von einem Punkt zum anderen bei gleichzeitiger Übersicht über das Ganze. Das Konzept für die verschiedenen Gebäude wurde also von den typischen Notwendigkeiten der aktiven Verteidigung bestimmt: Bewegung, Aktion und Einsichtspunkte. Dies ist das Ergebnis komplexer und genauester topographischer Erhebungen – nicht nur im Bereich des Felsvorsprungs, sondern im gesamten Gebiet. Außerdem zielte Planer von Scholl darauf ab, das Terrain bestmöglich auszunutzen und das Bauwerk daran anzupassen.

Das Talwerk (untere und mittlere Festung) gliedert sich somit in vier Sektoren:

- Der erste Sektor besteht aus der Befestigung, die der südlichen Begrenzungslinie des Haupteingangs folgt und parallel zur Straße nach Aicha und ins Pustertal verläuft.
- Der zweite, massive Komplex ist in Richtung Nordwesten angelegt und heute durch den neuen Verlauf der Staatstraße verändert worden.
- Der dritte Sektor beherbergt das Hauptgebäude mit den Büros, Öfen, Geschützkammern zur Verteidigung der nordöstlichen Seite, der Offiziersmesse mit der

Aquarellierter Grundriss des Gesamtkomplexes, 1836.

Kantine und einer Kaserne zur Einlieferung der Soldaten (auch als Krankenstation und Sanitätseinheit verwendbar).

- Den vierten Sektor bildet die mittlere Festung.

Dies wären dann, im Grunde genommen, die vier „Viertel“ (die Viertel einer Zitadelle eben), in die in der klassischen Antike jede Ansiedlung eingeteilt wurde.

Jeder dieser Bereiche war unabhängig und beherbergte außer den Stellungen der Abwehrbatterien auch logistische Infrastrukturen, Büros und Magazine. Die ersten drei Sektoren bilden außerdem die Hauptverteidigungsanlage der mittleren Festung und waren also als letzter Verteidigungsring des gesamten Talwerks gedacht.
Der Fluchtweg dieses erhöhten Sektors, der im Falle eines Angriffs als der letzte erachtet wurde, der fallen konnte, schließt sich ideal mit dem Tunneleingang an, der dann zur langen Treppe führt, an deren Ende sich der Zugang zur oberen Festung befindet.
Alle vier Sektoren sind wiederum in kleinere Zellen unterteilt. So besteht die mittlere Festung aus einem mittleren Teilsektor und zwei „Seitenflügeln“, die für Verteidigungszwecke bestens ausgestattet sind: darin lässt sich außer den Magazinen auch ein kostbares und gefährliches Gut in optimaler strategischer Position lagern: die Munition, für die besonders gesicherte Räumlichkeiten nötig waren.

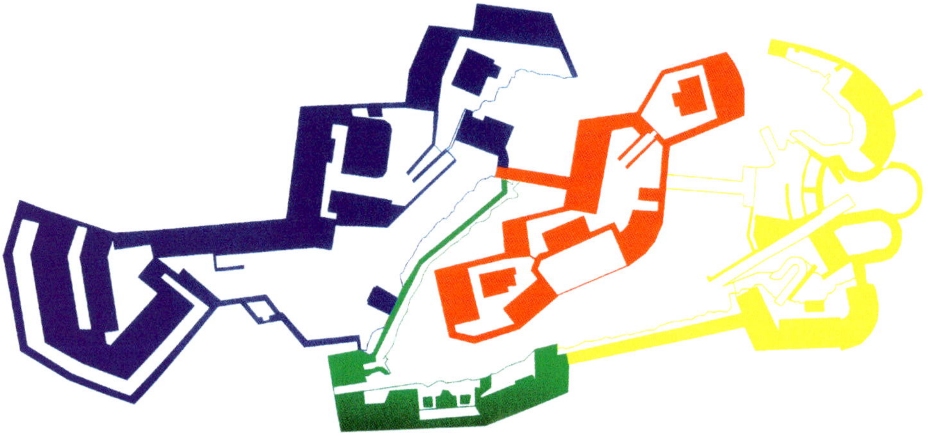

Plan des Komplexes in der Talsohle: die Farben markieren die Hauptsektoren.

Auch hier verfügt jede Zelle über eine äußere Verteidigungsmauer, die eine Verbindungsfunktion zwischen den Kampfkammern und den Geschützbatterien sowie den zu versorgenden Zonen innehat.
Dann gibt es weitere Unterteilungen der einzelnen, nebeneinander liegenden Zellen, die alle durch kleine Rampen (dort, wo der Höhenunterschied nicht zu groß ist) oder durch Treppen miteinander verbunden sind.
Jeder Zutrittspunkt lässt sich also bequem unter bewaffneter Kontrolle halten, jede Zelle wird von einer anderen, höher gelegenen kontrolliert. Auch die Latrinen sind nach demselben Prinzip angeordnet, sodass sie von jeder Sektion aus schnell erreichbar sind. Bei einer oberflächlichen Ansicht des Grundrisses finden sich mindestens 13 Verteidigungseinheiten im Talwerk.
Während die Verteidigungsmauern normalerweise in die Gebäude übergehen, welche die Batterien beherbergen, werden sie auf den tiefer gelegenen Verteidigungsebenen von den steil aufragenden Felswänden abgelöst, ohne die Kontinuität des Baus zu beeinträchtigen. So hat sich eine durchgehende halbrunde Verteidigungskette herausgebildet, die von der mittleren Festung überragt wird.
Die obere Festung, das Höhenwerk, wurde nach anderen Gesichtspunkten errichtet. Dieser der Überwachung des Talwerks und seiner Zufahrtswege in drei Himmelsrichtungen (Norden, Süden und Westen) dienende Bau überragt (wie bereits erwähnt) in der Art einer „Akropolis" die Gesamtanlage. Sie bot einen Fluchtweg

und die Möglichkeit zum Gegenangriff bei feindlicher Übernahme der unteren bzw. mittleren Festung, die mit der oberen Festung direkt durch einen Tunnel mit 451 Stufen verbunden sind. Es handelt sich um einen schmalen Tunnel von knapp zwei Metern Breite, um den Höhenunterschied von 75 Metern zwischen Tal- und Höhenwerk zu überwinden. In Richtung Süden verfügt die obere Festung über vier verschiedene übereinander liegende und versetzte Ebenen für die Geschützstellungen. Das im Vergleich zur unteren und mittleren Festung kleinere Bauwerk war besonders auf den Nahkampf ausgerichtet. Die Begehung der Rampen und Treppen zeigt sofort, wie ein Feind, der den schwierigen Aufstieg durch den Tunnel geschafft hatte, von allen Seiten unter Beschuss genommen werden konnte. Mit wenigen Soldaten auf der Plattform entlang der Bergseite ließ sich jeder Eindringling in Schach halten, und zwar in der direkten Begegnung Mann gegen Mann. Zudem waren die Soldaten des österreichisch-ungarischen Heeres neben Gewehr und Bajonett auch mit Säbeln und anderen Blankwaffen ausgerüstet, etwa Totschlägern, die sich wie Relikte aus dem Mittelalter ausnahmen.
Vom Konzept her folgt die obere Festung jedoch den Grundprinzipien ihrer „Töchter" im Tal: Plattformen für die Kanonen, autonome interne Unterteilungen, Küchen und Latrinen. Unterirdische Gänge und Rundgänge boten den Gewehrschützen geschützten Zugang zur äußeren Verteidigungsmauer, während eine große Küche und weitläufige Räumlichkeiten für logistische Zwecke im Notfall die Aufnahme und Versorgung der Garnison der gesamten Festungsanlage gewährleisteten.

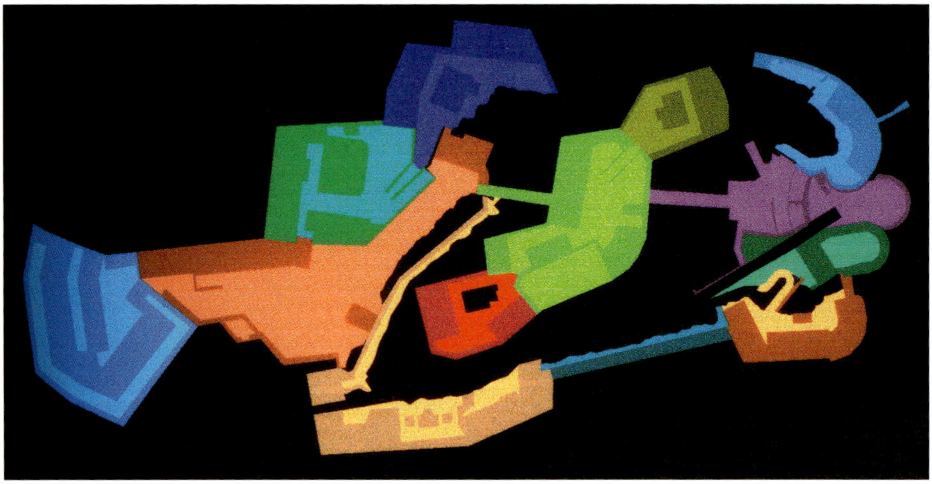

Lageplan des Talwerks mit den 13 autonomen Untersektoren zur Verteidigung.

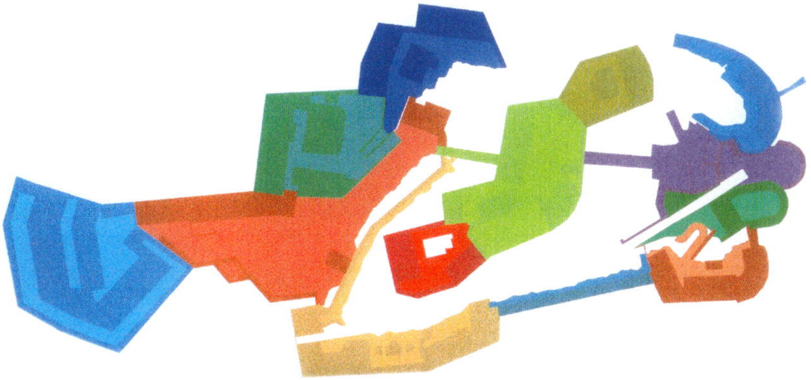

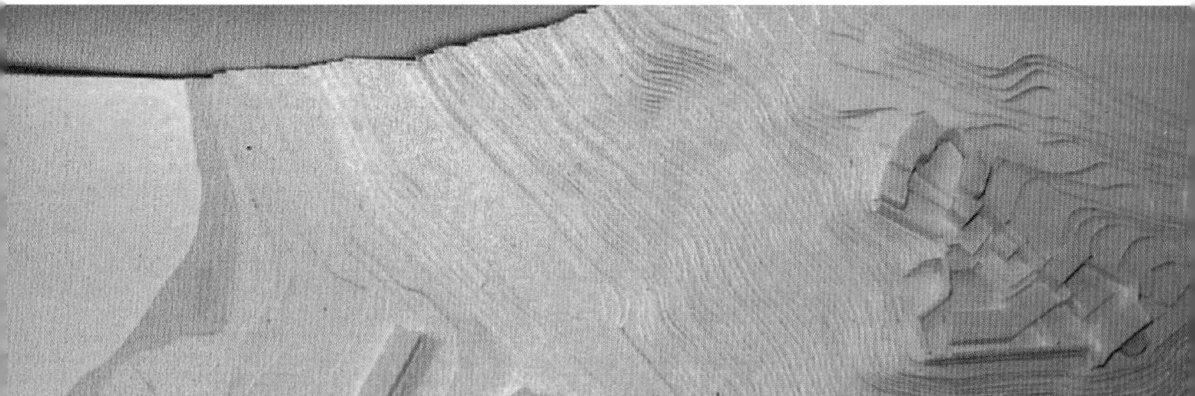

Das große Ausgangsportal des Verbindungstunnels zwischen unterer und oberer Festung.

Realisierung und Kosten

Die Franzensfeste war zweifellos eine der größten Festungen im alpinen Raum. Ein Bauvorhaben dieser Größenordnung verlangte natürlich gesicherte Materialversorgung, eine präzise Aufteilung und Organisation der Aufgaben auf der Baustelle. Bestimmte logistische Einrichtungen waren komplett neu vorzusehen: Unterkünfte, Verpflegung und Wasserversorgung für Soldaten und Arbeiterschaft, Verkehrswege und natürlich Transportmittel.
Die Beobachtungen und Berichte der Begehung von 1832 dienten dabei als hervorragende Grundlage, aber es war von Anfang an klar, dass der ausgewählte Ort zur Realisierung eines Ausführungsprojekts weiterer spezifischer Untersuchungen sowie einer genauen topographischen Analyse bedurfte. Ein besonderes Problem stellte dabei die Lage des Geländes in 750 m Seehöhe dar, mit langen und harten Wintern. Außerdem fehlten im Felsgestein des Vorsprungs hinreichende Wasserquellen, um den Durst von mehr als 5000 Arbeitern zu stillen.
Dieses Problem löste man durch die Errichtung eines Aquädukts mit freiliegenden Rohrleitungen aus ausgehöhlten Baumstämmen. Der enorme Kostenaufwand machte die Festung bis zu ihrer Fertigstellung zu eine der schwersten Belastungen für die damals leeren Kassen des österreichischen Kaiserstaats. Die Gesamtkosten wurden im Nachhinein auch von hohen Amtsträgern am Hof von Franz I. als übertrieben und unangebracht bezeichnet.
Ein Beispiel: 1835, also zwei Jahre nach Beginn der Bauarbeiten, belief sich der für dieses Jahr angesetzte Kostenvoranschlag für die Baustelle auf fast 650.000 Gulden. Wiens Beitrag deckte aber nur 500.000 ab, das Defizit betrug also 150.000 Gulden. Daher beschwerte sich die Bauleitung, dass eine fristgerechte Vollendung der Arbeiten ohne die vorgesehene Summe nicht möglich sei. Und nicht nur das, noch vor Abschluss der Saison (im Winter ging die Arbeit langsamer voran und die Arbeiterzahl verringerte sich um mehr als 1000 Personen) drohte man, „...sowohl

Die Rampe des Pulvermagazins der unteren Festung in Richtung Festungsmitte mit Blick zur oberen Festung.

das Granitbergwerk in Pfalzen als auch die Ziegelfabrik in Vahrn zu schließen…". Auch wenn für das darauf folgende Jahr eine Finanzierung von 500.000 Gulden gewährt worden wäre, hätte dies nicht das vorgesehene Ergebnis garantiert. Das Problem wurde gelöst, indem das Budget gekürzt, dafür aber die Frist zur Fertigstellung bis Ende 1837 verlängert wurde. Andernfalls wäre die Festung in nur drei Jahren realisiert worden!

Alles in allem verschlang der Bau der Festung „an der Ladritscher Brücke" insgesamt 2,6 Millionen Gulden.[4] Eine gewaltige Summe, wenn man die Festung mit ähnlichen Bauten in anderen Ländern des Deutschen Bundes vergleicht: so kostete der Bau der ähnlich großen „Wilhelmsfeste" in Ulm 1,6 Millionen Gulden, während der Festungskomplex „Monte Croce" bei Peschiera, der 1865, also fast 30 Jahre später, fertig gestellt wurde, 600.000 Gulden erforderte. Nicht umsonst ließ sich Kaiser Ferdinand I. bei der feierlichen Einweihung am 18. August 1838, als er dem Zeremoniell gemäß dreimal mit einem Hammer auf einen der Granitblöcke am Eingangsbogen klopfte, zu einem Scherz hinreißen. Der Planer von Scholl musste sich die Frage gefallen lassen, ob die Festung denn zur Gänze aus Silber bestünde! An finanziellen Überlegungen scheiterte denn auch die Idee einer Festungserweiterung in Richtung Schabs, um ein noch imposanteres und komplexeres Verteidigungssystem zu schaffen: Neben den zwei jetzt bestehenden Blöcken (untere und mittlere sowie obere Festung), die den Namen „Werk Nr. 5" bzw. „Werk Nr. 6" trugen, wäre ein riesiger Festungskoloss entstanden, der sich nördlich bis Oberau und östlich bis Mühlbach, wo der Sitz der Bauleitung war, ausgedehnt hätte. Vorgesehen waren insgesamt elf miteinander verbundene Festungen – ein völlig utopischer Plan.

Zurück zur Materialbeschaffung: Der für die Ziegelsteine notwendige Ton zur Realisierung der Gewölbe und Dachziegel wurde aus der Umgebung gewonnen, aus einigen Gruben bei Brixen, Neustift, Schabs, und aus der Umgebung der Arbeiterbaracken in Unterau. Über 900.000 Kubikmeter wurden abgebaut, aus denen in zwei Öfen 20 Millionen Ziegel hergestellt wurden, von denen jeder mit der „Qualitätsmarke", dem Aufdruck „KKF", Kaiserlich-Königliche Festung, versehen war.

Holz war im Überfluss vorhanden. Trotz der massiven Abholzung des gesamten Baustellengebiets war die Festung bei ihrer Einweihung weiterhin von einem dichten Fichtenwald umgeben. Die Abholzung hatte sich auf die Schusslinie der Kanonen beschränkt. Die vielseitige Verwendung des Fichtenholzes ermöglichte die Errichtung aller Gerüste, Rampen und nötigen Gehwege, während das kostbare Lärchenholz gesammelt, zur Trocknung gelagert und schließlich zur Herstellung

[4] Der deutsche Historiker Hackelsberger versuchte sich 1986 an einer hypothetischen Umrechnung von Gulden in Deutsche Mark. Nach einer Reihe komplizierter Berechnungen gelangte er zum „Wechselkurs" 1 Gulden = 16 DM. Zu jenen Zeiten hatte die Deutsche Mark einen Durchschnittswert von 687 italienischen Lire. Man bedenke dabei, dass die Mark 1992 entwertet wurde und 900 Lire überstieg. Nach den Berechnungen Hackelsbergers wurde für den abgeschlossenen Bau der Festung eine Summe von einer Milliarde 618 Millionen Mark aufgewandt. In unseren Augen eine Überbewertung; wahrscheinlich ist aber, dass die Gesamtkosten des Werks über 500 Millionen Euro ausmachten.

der Böden der Amtsräume und der Dachbalken verwendet wurde. Heute noch sehen sie aufgrund ihrer guten Qualität so aus, als seien sie erst kürzlich verbaut worden.
Das Brennholz hingegen stammte nicht nur aus dem Wald, sondern zum Großteil aus dem Flussbett, wo es sich während der häufigen Hochwasser anhäufte. Nach den Büchern der Baustelle wurden bis zum Abschluss der Arbeiten 297.500 Laufmeter Holz verwendet – fast 300 Kilometer!
Der nötige Wasserkalkmörtel für die tragenden Mauern, der Mörtel für die Bögen und alle Bauteile, die schlechter Witterung ausgesetzt waren, wurde aus dem rund 30 km entfernten Bruneck angeliefert. Karl von Martony hatte bei seinen Untersuchungen der Kalkvorkommen in der Nähe von Schabs, Meransen und Vals in der Gemeinde Mühlbach festgestellt, dass diese den für den Bau nötigen Qualitäts- und Festigkeitsstandard nicht erfüllten. Über die gut fahrbare Pustertaler Straße ließ sich die Distanz Bruneck-Franzensfeste leicht überwinden, sie erforderte aber eine Aufstockung der verfügbaren Gespanne.
Ein weiteres Problem stellte der Branntkalk dar, der in St. Vigil in Enneberg gefunden und verarbeitet wurde. Sein Transport von dem kleinen Dorf im Gadertal bis Franzensfeste machte den Bau einer neuen Verbindungsstraße nach Bruneck

Zwanzig Millionen Ziegel wurden in den Brennöfen der Umgebung gebrannt, um die Gewölbe der Gebäude zu errichten. Jeder ist mit der Marke KKF versehen („Königlich-Kaiserliche Festung").

notwendig, vor allem auf der Strecke zwischen Zwischenwasser und St. Vigil selbst. Insgesamt waren zum Bau ungefähr 190 Kubikmeter Kalk heranzuschaffen. Besondere Erwähnung verdient der Granit, damals einer der teuersten Baustoffe. Die bestmögliche Stabilität der Festung verlangte nach qualitativ hochwertigem Granit, der damals als unzerstörbares Material galt. Dank der herausragenden Qualität – der Granit stammte aus dem Pfunderer Bergwerk und aus dem Hochplateau von Pfalzen oberhalb von Bruneck – blieb die Festung weitgehend intakt, ohne in den über 150 Jahren ihres Bestehens auch nur das geringste Zeichen einer Erschütterung gezeigt zu haben. Den Granitabbau besorgten Einheiten von Sprengstoffexperten, die mit den Steinmetzen in einem Barackenlager in Pfalzen untergebracht waren. Letztere meißelten aus dem Granit Blöcke in drei regulären Größenordnungen: 60 x 47 x 66 cm; 63 x 47 x 20 cm und 130 x 47 x 35 cm; verschieden zugeschnittene Blöcke, die alle über eine gleich lange Seite verfügten (47 cm). Dies erlaubte dem Planer, seine Berechnungen und Zeichnungen der mächtigen Ringmauer zu standardisieren. Auch für die Kampfräume und die Batterien verwendete man Standardmaße und -zeichnungen, die in genauer Reihenfolge wiederholt wurden. Aufmerksame Beobachter bewundern heute noch die besondere Präzision beim Einlegen der Blöcke und das perfekte Verfugen. Solches Können und die entsprechende Erfahrung wurde von den Steinmetzen alter Schule über Generationen weitergegeben: Diese Qualität beschränkt sich jedoch auf die mächtigen Außenmauern, die Portale und all jene Bauteile, die feindlichen Geschützen sowie dem kritischen Blick eines wichtigen Besuchers ausgesetzt waren. Der Qualitätsunterschied hatte auch finanzielle Gründe. Zudem war der in unmittelbarer Nähe oder innerhalb der Baustelle (ein Teil des Felsvorsprungs war abgebaut worden, um den großen Waffenplatz der unteren Festung zu errichten) vorhandene Granit von minderer Qualität als jener aus dem unteren Pustertal. Er diente für die Auflager der Fundamente, und um weitere Einsparungen zu erzielen, teilweise auch für die Redouten. Daher lässt die bauliche Sorgfalt bei innen gelegenen Bauten, wie den Batterien der mittleren Festung und manchen der Logistik dienenden Gebäuden zu wünschen übrig: Die Blöcke sind schlampig zugeschnitten, die senkrechte Kontaktlinie zwischen den Blöcken ist mit Ausschusssplittern ausgebessert, kleinen Steinhäufchen, die zusammen mit einem Bindemittel als Keile fungieren. Ein „Kunstgriff", der aber die Stabilität dieser Arbeiten zweiter Güte nicht beeinträchtigt hat. Die massiven Transportprobleme wurden mithilfe der Eigentümer von Zugpferden und durch bäuerliche Hilfe gelöst. Jeden Tag wurden 200 Paare von Zugpferden vor ebenso viele Karren gespannt. Ihre Transportgeschwindigkeit wurde ebenfalls in den Berechnungen standardisiert und auf 2,2 Stundenkilometer festgelegt. Sie transportierten eine Durchschnittslast von 600 kg, was 587 Fahrten nötig machte, um die beeindruckende Baustellenmaschinerie voll auszulasten. Der Nachschub rollte, wie man an der Fertigstellung der Festung in nur fünf Jahren sehen kann.

Die Granittreppe, die zum Waffenplatz der mittleren Festung führt.

Am geschütztesten Punkt der Festung liegt das große Munitionsdepot.

30-pfündige Granatkanone vom Jahre 1836 in zugehöriger Lafette

48-pfündige Kanone M 1859

Die Waffen der Epoche

Zu Beginn des 19. Jahrhunderts kamen Feldgeschütze zum Einsatz, leichte, einfach zu transportierende Waffen, aber auch Kanonen größeren Kalibers, die von der Artillerie für die Belagerung benutzt wurden sowie Schiffs- und Verteidigungskanonen. Letztere waren oft fest angebracht und im Untergrund verankert. Die Waffen hatten unterschiedliche Kaliber, je nach den spezifischen Erfordernissen – wenn man überhaupt von Kaliber sprechen kann. Das Rohr war aus Bronze, die Eisen schon lange abgelöst hatte. Die Mündung war durch eine Speziallegierung verstärkt, um Überhitzung und Abnutzung zu vermeiden.
Seit dem 17. Jh. hatten die Explosionsgeschosse, die Granaten, die seit dem Spätmittelalter verwendeten Kanonenkugeln aus Granit abgelöst, auch wenn das recht zahlreiche Vorkommen von Granitkugeln recht großen Ausmaßes gerade in der Umgebung und in Vintl selbst den Gedanken aufkommen lässt, dass möglicherweise so manche Kugel noch mit dem Granit aus Pfalzen produziert, jedoch dort zurückgelassen worden sei. Die Lafetten und einigermaßen präzise Zielvorrichtungen verliehen der Artillerie eine leichte Transport-, Bewegungs- und Positionierfähigkeit.
Zur Zeit der Armierung der Festung verfügten die Geschütze noch nicht über den internen Drall des Rohrs. Diese Erfindung, die nicht allein den schweren Waffen größere Reichweite und Präzision verlieh und die Form der Geschosse von rund zu zylindrisch verändern sollte, wurde erst 1870 eingeführt und das erste Mal in den Schlachten eingesetzt, in denen die Preußen über Frankreich siegten.
Auch die leichten Waffen waren antiquiert: Die Gewehre waren noch Vorderlader, bei denen jeder Schuss dem Soldaten eine komplexe Operation abverlangte: Schwarzpulver, Kugel und Verdichtung wurden eingeführt und mit dem Ladestock komprimiert; letztlich durch die Funken eines Feuersteinmechanismus gezündet. Das Pulver war feuchtigkeitsempfindlich und daher bei Regen und Schlechtwet-

 ter unbrauchbar. Bewaffnung und Ladeprozedur entsprachen dem Standard des 18. Jahrhunderts. Erst 1840 wurde der Feuerstein durch eine Kupferkapsel ersetzt, die Knallquecksilber enthielt. Diese Erfindung ermöglichte die erste Perkussionszündung und die Verwendung von Gewehren auch bei schlechter Witterung. Ein weiterer Modernisierungsschritt wurde mit der Erfindung von vorgefertigten Patronen gemacht, deren Metallhülse bereits das Knallquecksilber enthielt. Erst kurz vor 1900 tauchten die Repetiergewehre auf, deren Verschlussmechanismus es erlaubte, durch das Öffnen und Schließen des Patronenlagers die Bewegungen zu automatisieren und zu beschleunigen. Nach dem Schuss wurde die Patronenhülse entnommen und die Waffe mit einem neuen Geschoss geladen. Der Amerikaner Maxim erfand 1884 das erste Maschinengewehr, wodurch alle Bewegungen automatisiert wurden. Zur Zeit des Festungsbaus war man von derartigen Entwicklungen der Waffen noch weit entfernt. Die Kampfausrüstung der Soldaten bestand aus einem

Österreichische Gewehre und Baionette im Einsatz in der Franzensfeste von 1835 bis 1890. Hier erkennt man die rasante Entwicklung der Feuerwaffen innerhalt von 50 Jahren, von den letzten Feuersteingewehren bis zu den ersten Repetiergewehren.

Vorderlader mit Bajonett, und im Nahkampf kamen sogar häufig Schlagkörper wie Totschläger zum Einsatz, ebenso Lanzen und Säbel für die berittenen Truppen. Üblich waren Blankwaffen, die sich im gängigen bewaffneten Kampf mit seinen starren Protokollen und Prozeduren als äußerst wirksam erwiesen.
Die Festung sollte mit 90 Geschützen bestückt werden, die folgende Charakteristik aufwiesen:

- 44 Verteidigungskanonen, zwölfpfündig
- 28 Verteidigungskanonen, sechspfündig
- 4 Feldkanonen, sechspfündig
- 3 Verteidigungskanonen, achtzehnpfündig
- 4 Haubitzen, siebenpfündig
- 7 Mörser, dreißigpfündig.[5]

4-pfündige Feldkanone M 1863 (originales Schulungsmodell)

[5] Ein Pfund entsprach damals dem Gewicht von 394,3 Gramm. Es handelt sich um die bereits im Römischen Reich verwendete Maßeinheit, das „alexandrinische Pfund“, teilbar in 12 Unzen, von denen die verschiedenen Pfundmaße im Mittelalter herrühren, die bis zum 9. Jh. in den germanischen Ländern und am Mittelmeer in Gebrauch waren, während die angelsächsischen Länder (Großbritannien, seine Kolonien und die Vereinigten Staaten von Amerika) für den Warenaustausch noch immer das Pfund von 453,93 g, aufgeteilt in 16 Unzen, verwenden; man beachte, wie die Geschützaufteilung damals vom Gewicht der Geschosse abhing und nicht, wie später mit Einführung des gezogenen Laufs, vom Kaliber und damit der Größe der Geschosse.

 Das weite Sichtfeld, das durch die Anlage der Festung ermöglicht wurde, garantierte die „aktive Verteidigung“. Das Projekt Franz von Scholls setzte auf die Offensivkraft der Kanonen. Außerdem boten die zahlreichen senkrecht in den Granit eingelassenen, mit einer Wölbung nach außen versehenen Schießscharten, die trotzdem eine gewisse Schussbreite ermöglichten, den Schützen ausgezeichnete Deckung. So konnten sie ihre Waffen laden, während der Feind unter Beschuss stand.
Die schweren Verteidigungsgeschütze der ersten beiden Kategorien waren reihenweise in die Geschützkammern eingebaut und bildeten so die verschiedenen Batterien. Die in der Batterie nebeneinander aufgereihten Geschützkammern waren gut sichtbar angeordnet, so vor allem im Hauptgebäude der unteren Festung, jenem Bau mit der großen Sonnenuhr, in dem das Kommando der Festung untergebracht war. Das Gewölbe jeder einzelnen Kammer verengt sich beinahe unmerklich, aber konsequent in Richtung Schießscharte, über der eine Art Kamin zum Abzug des Rauchs angebracht ist. Auf der gegenüberliegenden Seite dienten zwei große Fenster neben der Erhellung des Raums vor allem der Belüftung. Sie wurden in dem Moment geöffnet, in dem die Geschütze abgefeuert wurden. Der Trichtereffekt zwischen beiden Öffnungen schuf so einen künstlichen Luftstrom, der bei jedem explodierenden Schuss den Rauch aus der Mündung und der Schlagbolzeneinrich-

Österreichische Säbel aus der Zeit zwischen 1835 und 1900

tung der Kanone mit sich zog und ihn durch die oben angebrachte Abzugshaube entweichen ließ.
Im Kriegsfall konnte die Festung eine Garnison von 1000 Männern aufnehmen. Diese Zahl stieg einige Jahre nach der Einweihung auf 1200 an, ein Drittel davon waren Artilleristen. In Friedenszeiten genügte eine Abteilung von 70 Soldaten für den Betrieb und die Überwachung der Festung.
Der Komplex war nie direkt in Kriegshandlungen einbezogen, er musste jedoch seine Funktionstüchtigkeit und Stabilität zweimal unter Beweis stellen. Das erste Mal 1862, als 13 Artillerieschüsse mit 24-pfündigen Kanonen gegen die äußere Befestigungsmauer abgefeuert wurden. Diese damals schlagkräftigsten Geschütze verfügten freilich nur über eine begrenzte Reichweite von etwa 1300 Metern, die effektive Reichweite lag mit maximal 1000 Metern wesentlich darunter. Die Granaten zerschellten am Granit und bewiesen dreißig Jahre nach dem Bau die hohe Qualität der Materialgrundlage. Vielleicht veranlasste dieser Test das Armeekommando, die Festung 1877 mit moderneren Geschützen auszurüsten. Eine spätere Untersuchung, 1896 durchgeführt vom Geologen und Mineralienexperten Adolf Pichler, bestätigte die Stabilität der Mauern. Er unterzog das Bollwerk einer intensiven Bombardierung mit für damalige Verhältnisse modernsten Geschützen. Aber auch die neuesten Erfindungen hatten keine Chance gegen den Granit aus Pfalzen.

Ähnlich wie die Gewehre hatten auch die Pistolen zwischen 1830 und 1870 eine rapide Entwicklung

F.M. GRAF RADETZKY.

Erinnerungsfoto der Garnison um 1889; im Hintergrund nahe dem Kirchlein sieht man die Statue des FM. Radetzky

Spätere Umbauten

Obwohl führende Persönlichkeiten am kaiserlichen Hof, vor allem die Gegner Metternichs, ernste Zweifel am Nutzen der Festung hegten, hatte dieses Bauwerk für mindestens 40 Jahre erheblichen Einfluss auf die Entwicklung des Eisacktals – wiewohl es zu weitgreifenden Planänderungen und Umbauten kam. Manche Eingriffe veränderten das Erscheinungsbild des Bauwerks gravierend, insbesondere seine Umwandlung in ein Pulverdepot. Die weitreichenden Umbauten reagierten auf den technischen Fortschritt und die neue Ära der Eisenbahnen, deren Netz die Verbindungen des damaligen Europas und damit auch Österreich-Ungarns radikal veränderte.

Bereits um 1850 gab es Pläne zur Errichtung der Pustertaler Eisenbahnlinie. Geplant waren Waggons, die auf Schienen liefen, aber von Pferden gezogen wurden. Die noch vage Idee gewann mit der Einführung der Dampflokomotive und der Realisierung der ersten wichtigen Eisenbahnstrecken konkrete Umsetzung. Während die Strecke Verona-Trient-Bozen 1859 eingeweiht wurde – ein Jahr nach der Strecke München-Kufstein-Innsbruck als Verbindung zwischen Österreich-Ungarn und Bayern – dauerte es noch gut acht Jahre, um den Plan des Ingenieurs Karl von Etzel zur Verbindung dieser beiden wichtigen Linien durch die Brennereisenbahn zu realisieren. Etzel vermied aus Kostengründen aufwändige Kunstbauten und nutzte die Hanglagen des Gebiets; mit dem Effekt einer Lösung, die heute noch trägt. Außerdem berücksichtigte er die besonderen strategischen Anforderungen, die militärische Kreise in Hinblick auf die Festung stellten: die Strecke sollte versteckt an der Festung vorbeiführen, sodass es unmöglich war, vom Zug aus einen Blick auf die Anlage zu werfen; ferner sollte ein Dienstgeleise, ein Reserve und ein Lawinenschutztunnel gebaut werden. Dies bedeutete faktisch die Errichtung eines kleinen Militärbahnhofs, direkt mit der Festung verbunden, der noch vor dem eigentlichen Bahnhof Franzensfeste gebaut wurde.

Die Treppe zur mittleren Festung mit den „Granitschienen“ zum Transport der Kanonen zu den erhöhten Batterien.

Wie bei der Brennerbahn, war auch der Bau der Pustertaler Strecke von militärischen Überlegungen abhängig. Die Abzweigung sollte vom Bahnhof in Franzensfeste (der in der Zwischenzeit zu einem Knotenpunkt geworden war) ausgehen und direkt von der Festung kontrolliert werden. Daher musste auch der 10 km südliche Bahnhof Brixen in einiger Entfernung vom Stadtzentrum auf einer höheren Lage errichtet werden. Ausschlaggebend dafür war das maximal erlaubte Gefälle zwischen der Festung und der Bischofsstadt.
Die 1867 fertig gestellte Brennereisenbahn verlief westlich der Festung. Dafür musste die mächtige äußere Verteidigungsmauer, die die Batterien des massiven nördlichen Verteidigungssystems umgab, geschleift werden. Dagegen führte die 1871 eröffnete Pustertaler Eisenbahn durch die Festung hindurch. Dies erforderte große bauliche Veränderungen. Durch die südwestlichen Verteidigungsanlagen wurde ein breiter Durchgang geschlagen. Er nahm eine Gleisstrecke auf, die zunächst auf gleicher Höhe wie die Brennerstrecke verlief, dann über ein langes Viadukt abzweigte, um schließlich auf eine der damals noch höchsten Brücken Europas zu münden. Ein höher gestelltes Gleis zog sich also durch das Batteriensystem auf der westlichen Seite und verlief dann am Ausgang der Festung über eine Brücke, die von sechs großen, an Höhe gewinnenden Granitpfeilern getragen war. Die beiden höchsten Pfeiler – 32 Meter hoch – lagen am Ende der Schlucht durch das Eisacktal. Auf ihnen aufgelagert war das Metallgerüst, über das die Geleise und die Bahnschwellen führten.
Trotz späterer Veränderungen ist diese Konstruktion heute noch erkennbar. Damals war es ein besonderes Erlebnis, in einem Zug in 84 Metern Höhe – so die gemessene Distanz von den Schienen bis zum Wasserspiegel des Eisacks – das Tal zu überqueren. Die „hohe Brücke“ von Aicha, wurde dementsprechend auf unzähligen Postkarten verewigt. Die vielbewunderte Konstruktion diente zivilen und militärischen Zwecken.
Die Eisenbahnabzweigung ins Pustertal wurde direkt von den Kasematten der Festung kontrolliert. An ihrem Ausgang war ein 20 Meter langes Teilstück der Gleise beweglich und konnte ins Innere verlegt werden, sodass ein Angriff auf diesem Weg nicht möglich war. Eine Zugbrücke, einzig in ihrer Art, die wiederum aus der Feder der genialen Konstrukteure stammt. Somit konnten sie auf den Affront antworten, den sie durch den Bau der Brücke aus eisernen, glühend zusammengenieteten Trägern erleiden mussten: Es war nämlich eine französische Firma gewesen, die die besagte Brücke gebaut hat (Ironie des Schicksals: Die Festung war ja gerade gegen die französischen Feinde entworfen und gebaut worden!). Dieselbe Firma wird auch in Brixen an verschiedenen Stellen und später am Bau des Eiffelturms in Paris mitwirken. Nun hatte sie den „skandalösen“ Zugang zur geheimen Festung erlangt.
In den siebzig Jahren nach 1870 wurde es ziemlich ruhig um die Festung. 1939/40 machten neue Erfordernisse – in diesem Fall die notwendige elektrische Versorgung der staatlichen Eisenbahnen – den Bau eines Staudamms und des dazugehörigen Stausees erforderlich.

Die Eisenbahnbrücke der Pustertaler Linie, der Stolz der damaligen Ingenieurskunst, ein beliebtes Postkartenmotiv.

Die Festung mit der „Brixner Klause", Kupferstich um 1840.

 Während der zweijährigen Arbeiten erfuhr der Talabschnitt massive bauliche Eingriffe, die auf lange Sicht die Entwicklung der Gemeinde Franzensfeste erheblich beeinträchtigten.
Die Siedlung Unterau verschwand in den Fluten des Stausees und wurde damit von der Landkarte getilgt. Auch ein Teil der Festung wurde geflutet. Das Wasser stieg am Felsen nach oben und überflutete den natürlichen Uferwall des Eisacks. Das italienische Heer, das seit Ende des Ersten Weltkriegs die Festung innehatte, wurde gezwungen, bestimmte Eingänge aufzugeben, darunter auch den „Diensteingang", der direkt in das Hauptgebäude der unteren Festung führte. Der untere Stock mit einer Reihe von Batterien wurde teilweise überschwemmt und war als Depot nicht mehr zu gebrauchen.
Der vierte grobe Eingriff, der die Struktur der Festung am stärksten veränderte, war durch die Bauarbeiten an der Brennerautobahn im Jahr 1965 bedingt. Die Enge des Tals, die zunächst Erzherzog Johann von Österreich, dann Karl von Martony und den Festungsplaner Franz von Scholl überzeugt hatten, den idealen Ort zur Kontrolle des wichtigsten Verkehrswegs zwischen dem Herzen Europas und dem

Das Gebiet um das Dorf Aicha an der Pustertaler Straße aus dem Blickpunkt der oberen Festung.

Mittelmeerraum gefunden zu haben, erwies sich als fatal und stellte die Planer dieser neuen Verkehrsader vor große Probleme.
Um die allzu enge Führung von Autobahn, Eisenbahn und Staatstraße auf einer Breite von wenigen Dutzend Metern aufzulösen, wurde die Staatsstraße tiefer gelegt und die Autobahn auf einer höher gelegten Trasse darüber geführt. Teile der nördlichen Festung wurden abgerissen, andere verbaut, damit die Staatsstraße durch die Festung verlaufen konnte. Dies führte dazu, dass jener Teil der Festung, der am sichersten und am besten ausgestattet war, zum Teil zerstört wurde. In den folgenden Jahrzehnten wurden entsprechend den Erfordernissen von Logistik und Lagerhaltung nach und nach Durchgänge geschlossen, Räume für Munitionsdepots reduziert und Schießscharten für Kanonen und Gewehre vermauert. Bereits während des Zweiten Weltkriegs hatte man einen zweiten „Bogen“ aus drei riesigen Granitblöcken abgebrochen, um die Manöver der Militärfahrzeuge bei der Ein- und Ausfahrt zu erleichtern. Die bisherige Hauptfunktion dieses Bereiches, an dessen beiden Eingängen Besucher identifiziert und kontrolliert wurden, entfiel.

Festung und „Hohe Brücke von Aicha“ zu Beginn des 20. Jahrhunderts.

Die harmonische Symmetrie der Ziegelgewölbe in der unteren Festung.

Das Gold von Franzensfeste

Die Festung hat nie ihre Feuertaufe bestehen müssen und blieb von jedem Eroberungsversuch verschont. Doch der komplexe Aufbau, ihr Verteidigungspotential sowie der Schutz ihrer Granitmauern erhoben sie schon vom ersten Tag an zu einem besonders sicheren Ort, geeignet, um all das zu verwahren, das unter allen Umständen verteidigt werden musste. Nach 1848 wurde die Festung nach und nach zur Pulverkammer und zum Depot umfunktioniert. Sie spielte in den italienischen Risorgimentokriegen keine Rolle, ebenso wenig ab 1861, als Italien unter dem Haus Savoyen vereinigt wurde und sich als unabhängiger Staat dem gefährlichen Frankreich entgegenstellte.
Diente die Franzensfeste nur als Pulverlager? Gegen Ende des Zweiten Weltkrieges besetzte die deutsche Wehrmacht die Festung; zudem diente sie als Basis für eine Reihe von Luftabwehrbatterien, die um Aicha und Natz-Schabs postiert wurden. Außerdem wurde sie in aller Eile zu einem Tresor umfunktioniert, zur Schatzkammer, die wertvolles Gut aufnehmen konnte.
So kam die Festung zu ihrem Mythos: Am 16. Dezember 1943 hielt in Franzensfeste ein Geleitzug mit zwölf Waggons, in denen 127,5 Tonnen Gold in Barren und Münzen verschiedener Prägung sowie eine bescheidene Menge Platin gelagert waren. Der kostbare Inhalt war teils in Säcken, teils in Fässern verpackt. Es handelte sich um Goldreserven der Banca d'Italia, die die Regierung Mussolinis (deren Regime sich auf die Republik von Salò beschränkte) von Rom nach Mailand transferiert hatte. Von Mailand aus reiste das Gold weiter, mit der Zustimmung Mussolinis und des Finanzministers der „Repubblica Sociale", Giampietro Pellegrini.
In der Festung war eine Gruppe russischer Gefangener untergebracht. Diese hatten in der Zwischenzeit den Befehl erhalten, im Granitfels, auf dem sich die mittlere Festung erhebt (wenige Schritte vom neugotischen Kirchlein entfernt), einen tiefen Tunnel zu graben, den Eingang dazu mit einer Betonmauer zu sichern und eine Reihe von Sicherheitstüren anzubringen.

Der Tunnel im Felsen der mittleren Festung führt zum Gewölbe, wo das Gold der Banca d'Italia lagerte.

Der Haupteingang wurde mit drei Schlüsseln geöffnet; einer war im Besitz des Kommandanten der Festung, den zweiten verwahrte ein hoher Beamter der Banca d'Italia und den dritten Bürgermeister Josef Wild, Inhaber des Gasthofes „Post-Reifer". Es waren wiederum die Gefangenen, die unter scharfer Aufsicht der SS die wertvolle Ladung vom Zug in den Bunker transportierten. Hinter dieser ganzen Operation steckten wohl verschiedene Interessen. Der angebliche Zugriff der geheimnisumwitterten Organisation „Odessa" wurde später immer wieder vermutet. Als „Odessa" wurde eine Hilfsorganisation hoher SS-Funktionäre bezeichnet, die nach dem Untergang des Dritten Reichs einflussreichen Nationalsozialisten zur Flucht nach Südamerika verhalf, ihre Existenz lässt sich jedoch nicht verifizieren.
Auf diese Goldreserven wurde nach wenigen Monaten drei Mal zugegriffen: am 29. Februar 1944 wurden die ersten 55 Tonnen Gold nach Berlin versandt; Bestimmungsort war das Auswärtige Amt des Reichs. Nach offiziellen Angaben sollte ein Teil davon der Italienischen Botschaft in Berlin zur finanziellen Unterstützung zugesprochen werden.
Am 19. April 1944 gingen 23,5 Tonnen nach Bern und wurden in Schweizer Banken deponiert. Auch hier wurde offiziell verlautbart, dass damit ein Teil der finanziellen Verpflichtungen Italiens eingelöst wurde. Der dritte Zugriff auf das Gold folgte am 21. Oktober 1944, als weitere 24 Tonnen nach Berlin zur Reichsbank transportiert wurden. Insgesamt verschwanden damit 102,5 Tonnen Gold. Diese Transfers wurden damit gerechtfertigt, dass die Alliierten, die in der Zwischenzeit die Halbinsel von Süden aus eroberten, das Edelmetall beschlagnahmen könnten. Das Gold müsse hingegen sowohl der Reichsregierung wie auch den Interessen der Achse Rom-Berlin dienen, obwohl zu dieser Zeit nur mehr wenige, auch auf der Führungsetage des „Großdeutschen Reiches", an einen „Endsieg" glaubten.
Eine maschingeschriebene überlieferte Quelle hilft uns, die Geschichte des Goldes teilweise zu rekonstruieren. Das Dokument verfasste ein gewisser Herbert Herzog. Herzog wurde 1922 in der Nähe von Wien geboren. Sein Vater war ein jüdischer Unternehmer, die Mutter Deutsche, was ihm 1938, also nach dem Anschluss Österreichs, nicht geringe Schwierigkeiten einbrachte. Der Vater starb infolge brutaler Misshandlungen in den Gefängnissen der Gestapo; er selbst aber war noch im jugendlichen Alter, als man ihn ins KZ Buchenwald einwies. Dort blieb er nicht untätig. Durch seine unerwartete Energie und seine Gabe, die richtigen Entscheidungen zu treffen, konnte er eine relativ lange Zeit (ganze 10 Monate) überleben.
Im Juni 1945 befand er sich nach der Befreiung in Badgastein, wo er einen ehemaligen Nazi-Diplomaten antraf, der ihn scheinbar (man weiß nicht wie) noch aus dem KZ kannte. Damals hatten sie Freundschaft geschlossen: Bernd Gottfriedsen. Dieser bat ihn (und man kennt bis heute nicht den wahren Grund des Wunsches), sich um die Angelegenheit des italienischen Goldes zu kümmern, das am Hintersee, Salzburg und in Badgastein versteckt worden war. Es musste in Sicherheit gebracht und die Alliierten darüber informiert werden.

Von diesem Zeitpunkt an widmete Herzog ganze 12 Jahre seines Lebens dem Nachverfolgen der vom italienischen Gold hinterlassenen Spuren. Er verfolgt dessen Ursprung, Herkunftsort und auch alle Orte nach, an denen es verwahrt worden war. Sein Wunsch ist es, die Bedingungen zu schaffen, dass Italien sein ganzes Gold zurückbekommt, welches im September 1943 von Rom nach Mailand, von Mailand nach Franzensfeste und von dort aus dann ab 1944 nach Deutschland befördert worden war.

Hubertus Czernin, ein Wiener Journalist, ist es, der *grosso modo* die gesamte Angelegenheit überliefert. Czernin hat nämlich einen großen Teil der Unterlagen ans Licht gebracht und berichtet, wie die Suche Herzogs 12 Jahre gedauert hat. Während dieser 12 Jahre hat Herzog alle noch auffindbaren Funktionäre aufgesucht, alle Dokumente, auch die unwichtigsten, durchgesehen, mit viel Leidenschaft und Entschlossenheit, um schlussendlich die Entdeckung zu machen, dass es die italienischen Goldbarren und -münzen, die die Regierung Mussolini gezwungenermaßen bis 1945 nach Deutschland entsandte, noch alle gab. Er arbeitete auf der Grundlage von Akten und Registern der Deutschen Reichsbank, die das Gold betrafen. Man kann außerdem hinzufügen, dass sich Herzog auf den bestmöglichen Berater in diesem Gebiet stützen konnte, namentlich auf den Rat Hubert Thoma, der seit 1922 die Abteilung für Gold der Deutschen Reichsbank als Di-

Bei der Durchsuchung der Festung Franzensfeste entdecken Loui Miller Jr. und Fred L. Riker, 339. Regiment, 85. US-Division, eine Panzertür. Dahinter stoßen sie auf Dutzende Kisten, die die Goldfässer der Banca d'Italia enthalten.

 rektor vorstand. Und auf der Grundlage dieser Register, dem Einkommensregister, dem Goldbarrenregister, dem An- und Verkaufsregister war es ihm möglich, die Bewegungen des italienischen Goldes (und nicht nur des italienischen) genauestens nachzuverfolgen. Er findet so die dazugehörigen Lieferscheine und die Bewegungen des Goldes nach Bern, Genf, in die Reichsbank in Berlin, nach Merkers, Hintersee sowie nach Schleswig-Holstein. Eines der 700 Dokumente beschreibt beispielsweise die Übergabe des von Herzog am 19. Februar 1947 wiedergefundenen italienischen Goldes vonseiten des amerikanischen Generals Case an den österreichischen Bundeskanzler Leopold Figl. Im Januar 1952 verfasste der Bauer Alois Ziller vom Hintersee, der Ortsvorsitzender der Bauern für die NSDAP gewesen war, für Herbert Herzog ein Dokument bezüglich des Goldfundes auf seinem Besitz. Das Gold war von den Deutschen im Jahr 1945 zuerst zum Schloss Fuschl, dann von Fuschl zum Hintersee und nach Badgastein gebracht worden. Das Gold geriet zum größten Teil, also 81 Goldsäcke, die mehr als 4 Tonnen wogen, in den Besitz Alois Zillers. Er ist imstande, genauestens zu beschreiben, wie 1945 das Abholen vonstattenging. An jenem Tage, dem 17. Juni 1945, sei ebenjener Herbert

Die Kisten mit den Goldfässern der Banca d'Italia. Jede Kiste wog etwa 200 kg.

Die Schwerarbeit müssen deutsche Soldaten unter strenger Bewachung des 349. Regiments verrichten. Die Fässer werden auf amerikanische LKW verladen.

 Herzog zu ihm gekommen. Diesen begleiteten ein gewisser Herr Gottfriedsen, der sich als deutscher Diplomat vorstellte, sowie zwei amerikanische Offiziere mit einem amerikanischen Wagen. Sie begaben sich geradewegs in die Scheune auf seinem Grund, kamen bald darauf wieder heraus und sagten, Herzog würde das Gold sicherstellen. In der Zwischenzeit, so erzählt Ziller, kam auch der Bürgermeister mit anderen Bewohnern und Bauern vom Hintersee. Und alle zusammen hätten dann die Säcke Gold mitgenommen. Ziller schrieb wortwörtlich: „Nachdem mir aufgefallen war, dass einer der Säcke gerissen war und Münzen herausfielen, stellte ich Herrn Herzog einen meiner Säcke zur Verfügung. Die zwei amerikanischen Wagen, in die Herzog, Gottfriedsen und einige amerikanische Soldaten gestiegen waren, verschwanden, nachdem sie all das Gefundene in den Kofferraum geladen hatten."
Alois Ziller ist inzwischen gestorben, aber in der Gegend von Salzburg – am Hintersee – leben noch einige seiner Kinder.
Nach den Aufzeichnungen hätte ein Teil des Goldes in Berlin gelagert werden sollen, sozusagen als Ausgleich für die Pfändung der Goldreserven Jugoslawiens, die die Italiener vorgenommen hatten.
Eine ziemlich ungereimte Geschichte, an der vieles unklar bleibt, trotz der bürokratischen Pedanterie der Quelle. Die umständlichen und vielfachen Verlegungen von

Eines der beiden Pulvermagazine der mittleren Festung. Unter den Holzböden (hier abgetragen) diente ein Belüftungssystem der Trockenhaltung des Schießpulvers.

Teilen des Goldes nach Berlin wurden akribisch genau aufgezeichnet. Vom Außenministerium ging es zur Italienischen Botschaft, von der Reichsbank zum Ministerium … Die Säcke wurden dabei leichter, aber niemand kontrollierte ihren Inhalt, weil sie versiegelt waren. Und dennoch stimmen manche Daten nicht überein, vor allem die Geschichte des Ausgleichs mit dem jugoslawischen Gold.
Die Italiener hatten bereits seit 1942, einige Jahre vor der Verlagerung des Goldes der Banca d'Italia, im kleinen Hafen von Cattaro des damaligen Jugoslawien einen beträchtlichen Schatz gehortet. Er bestand aus 60 Tonnen Gold, zwei Tonnen antiker Münzen, sechs Millionen Dollar, zwei Millionen Pfund Sterling, aus Schmuckstücken und anderen Wertsachen. Eine Ladung, die, wie der weitere Verlauf zeigt, andere, noch unbekannte Wege gehen sollte.
US-Archivquellen, die die Historikerin Eva Pfanzelter ausgewertet hat, berichten jedenfalls davon, dass am 17. Mai 1945, als die 5. amerikanische Armee bis Franzensfeste vorrückte und die Festung ohne Schwierigkeiten besetzte, nur noch 25 Tonnen Gold in der gepanzerten Höhle gefunden wurden. Der Wert wurde von den Amerikanern auf sieben Millionen Dollar berechnet und von den Alliierten erst drei Jahre später der italienischen Regierung zurückerstattet. Und dass die Rechnung schon damals nicht aufging, bezeugt eine Untersuchung in den frühen

Das Kommandogebäude der unteren Festung, vom Höhenwerk aus gesehen.

50er Jahren, in die Josef Wild, Bürgermeister 1943–45 und späterer Vizebürgermeister, verwickelt war. Er wurde in Handschellen abgeführt, während man mit Metallsonden den ihm gehörenden Gasthof „Reifer“, die Ställe, den Stadel und die ganze nahe Umgebung absuchte.

Schon damals war man also der Überzeugung, dass in der Festung oder in der nahen Umgebung noch mehr Gold sein müsse oder dass zumindest nicht alle für Deutschland bestimmten Mengen tatsächlich abtransportiert wurden, wie es offizielle Dokumente glauben machen wollten. In der Tat entstanden in regelmäßigen Abständen zahlreiche, nicht immer glaubwürdige Vereine (meistens eigens für diesen Zweck gegründet), die um eine Sondererlaubnis ansuchten, um in den Stollen, in den längst zugemauerten Durchgängen und den vermuteten geheimen Bunkern nach dem Gold zu suchen. Und zwar nicht nur nach jenem der Banca d'Italia … Diese meist geheimen „Schatzsuchen“ fanden häufig nach Zeitungsberichten oder Gerichtsuntersuchungen statt, die sich mit dem Gold in der Festung befassten.

So geschah es etwa gegen Ende der 80er Jahre, als Ermittlungen gegen die so genannte „Loggia Massonica P2“ (Freimaurerloge P2) eingeleitet wurden. In diesem Zusammenhang erfuhr man, wenngleich nur am Rande, die Geschichte einer anderen eklatanten und geheim gehaltenen Goldunterschlagung. Der Täter war ein junger Mann, der bei Kriegsende 24 Jahre zählte, ein hoffnungsvoller Agent der Geheimdienste von Mussolini sowie der Gestapo, der sich 1943 mit dem gehorteten Gold von Cattaro beschäftigt hatte. Er war sowohl Hüter als auch Verantwortlicher des Schatzes und war aktiv in dessen Beschlagnahmung verwickelt. Das „Simon-Wiesenthal-Center“, das der Angelegenheit nachgegangen war, um die nach Argentinien geflüchteten Nazi-Faschisten auszuforschen, kommentierte seine Rolle lapidar: „Es ist, als hätte man Dracula persönlich zum Hüter der Blutbank bestellt.“

Tatsächlich gab es einen Zug mit einer kostbaren Ladung, der von Jugoslawien über Lienz und das Pustertal nach Franzensfeste gelangt war. Und von hier an verläuft die Spur seiner Ladung im Sande. 1947, nach Kriegsende, als Marschall Tito Italien aufforderte, den jugoslawischen Beuteschatz zurückzuerstatten, entdeckte man, dass 20 Tonnen Gold, eine Million Pfund Sterling, eine Million Dollar und die Hälfte des Safeinhalts verschwunden waren. Der Name jenes Goldhüters von Cattaro, jenes mysteriösen Agenten Mussolinis und der Gestapo, der auch anscheinend für die kommunistische Cominform gearbeitet hatte, sollte mit den Jahren immer berühmter werden: Er hieß Licio Gelli, er war Bankier, Journalist, Schriftsteller und Dichter und gab vor, mit wichtigen Literaturpreisen ausgezeichnet worden zu sein. Gelli wurde vor allem aber bekannt als „Gran Maestro“ der Freimaurerloge P2, zu deren Mitgliedern hohe Funktionäre und Offiziere des italienischen Heeres, angesehene Politiker und reiche Unternehmer mit gutem Namen zählten. Licio Gelli besaß geheimnisvolle Einflusskanäle, die es ihm erlaubten, internationale Beziehungen zu knüpfen, Intrigen anzuzetteln und all dies über 50 Jahre lang nach dem Kriegsende. 1946 befand er sich in Argentinien, flüchtete aber in aller Eile, als

Originaltor aus Holz und Eisen im Osten der oberen Festung.

Die Küchen der oberen Festung.

 dort englische Geheimagenten nach ihm fahndeten, nachdem man erfahren hatte, wer das fehlende Gold besitzen könnte.
Jahre später kehrte Licio Gelli wieder nach Argentinien zurück. Er war auf einem Flug zu Gast, der Juan Perón und seine Frau Evita von Europa nach Argentinien zurückbrachte. Juan Perón, der argentinische Präsident, gehörte von 1926 bis 1928 zum Generalstab der damaligen Alpendivision „Tridentina", unter der ein Austausch hoher Offiziere „zu Weiterbildungszwecken" zwischen Italien und Argentinien erfolgt war. Und da Franzensfeste von der „Tridentina" besetzt wurde, schließt sich der Kreis der Vermutungen.
Noch etwas ist diesen Episoden als ein Kapitel der jüngsten Geschichte anzufügen. Jahrelang überwachte die Polizei Licio Gelli und durchsuchte immer wieder sein Haus, die „Villa Wanda" in Arezzo. Das letzte Mal, am 12. September 1998, untersuchte man nicht mehr den Tresor. Vielmehr lenkten die Polizisten ihr Augenmerk auf die Blumentöpfe auf der Terrasse und auf der Treppe. Und sie wurden fündig: unter den Geranien und Begonien, die vom Ex-Geheimagenten gehegt und gepflegt wurden, befand sich ein wahrer Schatz; 164 kg feinstes Gold (Gehalt 999,99) in Ein-Kilo-Barren und weitere 40 Barren Silber. Alle waren mit „CCCP" markiert, Abkürzung für die Sozialistischen Sowjetischen Republiken, denen in Kriegszeiten auch das Jugoslawien Titos angehörte. Der Fund wurde beschlagnahmt und in Rom am 20. September 2005 versteigert. Licio Gelli hat sich mindestens drei Mal in Franzensfeste aufgehalten, zuletzt wohl Mitte der 70er Jahre und er kam sicher nicht aus Urlaubsgründen. Sicherlich kam er, um die Festung zu „sehen". Es wird wohl kein Zufall gewesen sein, dass jene Besuche in Franzensfeste im Juli in der Mitte der 70er Jahre gerade mit der Periode der Regentschaft des Verteidigungsministeriums zusammenfiel, an dessen Spitze ein bekannter Name der internationalen Politik stand, damals Minister und ordnungsgemäß in der Freimaurerloge P2 eingeschrieben. Dieser hätte wohl eine Sondergenehmigung für den Zugang zum befestigten Komplex ausstellen können.

1992 fand ein gerichtliches Verfahren über ein im Pustertal verübtes Verbrechen statt. Darin verwickelt war ein Gefreiter des italienischen Heeres, der Opfer und Täter gekannt hatte. Der Ermordete hatte in nur drei Jahren ein Vermögen angehäuft und seine Freundschaft mit dem in der Festung diensthabenden Gefreiten gab den Untersuchungsbehörden Anlass zum Verdacht, dass das Festungsgold eine Rolle gespielt habe. Wahrscheinlich – so wurde vermutet – lösten die Aufteilung und der Verkauf des Goldes einen tödlich endenden Streit zwischen Opfer und Täter aus.
Die Bozner Staatsanwaltschaft lud einen früheren Oberst der SS vor, der allerdings nach so langer Zeit nur vage von anderen Transporten des wertvollen Metalls der Festung erzählte; so z. B. von einigen Säcken mit Pulvergold, die aus Florenz kamen und vielleicht nach Peenemünde transportiert wurden, um dort in elektrische Schaltkreise für die V3, die ultimative „Siegeswaffe", umgewandelt zu werden.

Eingang zum „Goldtunnel": 1943 war er durch eine schwere Panzertür versperrt.

Dann war da noch die Rede von vier anderen Waggons, die mit Schmuckstücken und Goldzähnen von Opfern aus dem Konzentrationslager in der „Risiera San Sabba" in Triest beladen waren. Des Weiteren hörte man noch von einigen anderen Tonnen Gold, die die SS in einer Berggrotte oberhalb von Vals (Mühlbach) versteckt haben sollte. Diese Grotte wurde danach angeblich vermint und somit unzugänglich gemacht.
Diese letzte Einzelheit passt zu einer anderen Aussage, was die Hypothese noch wahrscheinlicher macht. Ein pensionierter französischer Militäringenieur schrieb 1998 an die Banca d'Italia, an die italienische Botschaft in Paris und an die französische Botschaft in Rom. Er könne die Orte aufzeigen, wo die für Berlin bestimmten, aber dort nie angekommenen Tonnen Gold versteckt seien. Die geheimen Verstecke befänden sich in der Umgebung von Meran, eines im Sarntal und eines in der Gegend von Mauls. Die Erwähnung von Mauls lässt an das vom SS-Oberst erwähnte Versteck in der Berggrotte oberhalb von Vals an der Wasserscheide mit Mauls denken. Ähnliche Zuweisungen seien 1983 auch bei einer Untersuchung unter der Leitung eines Ingenieurs von Mailand (Ing. Cavallari) erfolgt. Die Suche blieb ergebnislos, ebenso eine weitere, die die Polizei am Fuß der Sattelspitze unternahm.
Und schließlich gab es einen etwas seltsamen Fund im Festungsbunker, der als Schatzkammer gedient hatte. Am 15. November 2005 waren Laura Mazzi und Augusta Sorà, zwei Helferinnen des zur Aufwertung der Festung gegründeten Kulturvereins „Oppidum", mit Reinigungsarbeiten im Bunker beschäftigt. Am nächsten Abend war nämlich eine Nachtbesichtigung der Festung geplant, eine „Mondschein-Führung" für Liebhaber derartiger Spaziergänge. In der Grotte türmte sich alles mögliche: Blechstücke, Ziegel und Schrott. Beim Aufräumen kam ein seltsames Objekt zutage; eine schwere, verrostete Gussform aus Eisen, die weder Gravierung noch Markenzeichen trug. In einer Gussprobe wurde sofort das Volumen der Form bestimmt. Das Füllen mit einer Flasche Wasser ergab einen Inhalt von 1,3 Liter. Multipliziert man das Volumen von 1,3 mit dem spezifischen Gewicht des Goldes (gleich 19,30), ergibt sich ein überraschendes Resultat: 25 kg. Dies entspricht exakt dem Gewicht eines Barrens der Banca d'Italia. Es erhebt sich die Frage: Könnte jemand während der Kriegszeit einen Barren Gold neu eingeschmolzen haben, um die Gravierung zu beseitigen und damit auch seine Herkunft zu verschleiern? Auf diese Weise wäre der Goldbarren überall absetzbar gewesen. Wenn ja, wann fand diese Operation statt, und wer führte sie aus? Und schließlich: Ist dies damals passiert oder erst vor kurzem?

Viele Geschichten, Gerüchte und verworrene Erinnerungen. Wirklichkeit und Phantasie verknüpfen sich untrennbar. Fest steht, dass die Faszination, die das Gold seit Urzeiten auf die Menschen ausübt, dazu beiträgt, den Reiz der architektonisch eindrucksvollen, wiewohl düsteren Festung, die Zeugin und Hüterin des Schatzes war, noch weiter zu steigern.

Die Wendeltreppe ermöglicht den Aufstieg auf den Mauerkranz zur visuellen Kontrolle der Talsohle.

Zwei ungelöste Rätsel

Die Festung birgt sicher noch weitere Geheimnisse. Eines hängt mit ihrem faszinierendsten Bauabschnitt zusammen, der bei allen Besuchern Bewunderung hervorruft: der Tunnel mit der schier unendlichen Treppe, der die untere mit der oberen Festung verbindet. Ein Tunnel, der nicht in den Felsen gegraben, sondern nach dem Vorbild der Batterien in der Kasematte errichtet wurde: Man hob nach vorgegebenem Querschnitt im Boden bergaufwärts einen breiten, geraden Graben aus, dessen Seiten mit den üblichen Granitblöcken verstärkt wurden; drüber wurde ein Gewölbe errichtet. Danach wurde der gewölbte Aufgang unter fast zwei Metern Erde begraben, auf der man teilweise neue Vegetation anpflanzte, um zu vermeiden, dass Baumwurzeln in die Ritzen des Bauwerks vordrangen. Der höchste Punkt des aus tausenden feuerfester Ziegel bestehenden Gewölbes liegt bei 3,47 Metern; die Breite des Tunnels beträgt 2,53 m; die Stufen haben eine Höhe von 18,4 cm und einen Eintritt von 31,6 cm. Aus den Originalzeichnungen geht hervor, dass kurz nach dem ersten Drittel des bergwärts verlaufenden Tunnels ein breites Podest vorgesehen war. Dieses findet sich auch bei der anderen Treppe, die die untere mit der mittleren Festung verbindet und deren 93 Stufen weit weniger Anstrengung erfordern als die im Tunnel verlaufende. Hier hatte man sich jedoch an den Plan gehalten, neben dem Gebäude, das die Büros der Befehlshaber beherbergte und auf die Bauwerke Richtung Norden blickt, die in den siebziger Jahren abgerissen wurden, um für die SS 12 Platz zu machen.
Warum hielt man sich ausgerechnet beim Bau der längsten Treppe nicht an das Projekt? Weshalb taucht eine so wichtige Einzelheit der Originalzeichnungen in keinem der penibel geführten Arbeitsjournale auf? Wie bereits erwähnt, führen die Journale die genaue Anzahl der Arbeiter auf, vermerken die täglichen Wagenfahrten, ebenso wie das Durchschnittstempo der Zweispänner, die Kosten, die Kubikmeter an eingesetztem Material – einfach alles. An keiner Stelle aber wird erwähnt,

Treppen, Plätze und Rampen sollten das Eindringen von Feinden in der oberen Festung stoppen.

dass das Podest mit seinem Ausgang (wahrscheinlich in Richtung Wald) nicht realisiert werden sollte. Und genau dieser „fehlende Ausgang“ hat alle an der Nase herumgeführt, die sich mit der Festung befasst haben. Vom deutschen Historiker Hackelsberger bis zu den Absolventen verschiedener Universitäten (Padua, Innsbruck, Wien), die sich in ihren Arbeiten in die abenteuerlichsten Vorschläge zur Nutzung der Festung zu nichtmilitärischen Zwecken verstiegen. Die leitenden Offiziere der Alpenbrigade „Tridentina“, an die sich Hackelsberger bei seiner Untersuchung der Festung 1985 wandte, um ein Jahr später das geschichtlich und technisch umfassendste Werk über die Festung hervorzubringen, bestanden darauf, dass die Treppe aus 433 Stufen bestehe. In Wirklichkeit aber, wir haben sie einige Male gezählt, sind es 451 Stufen, 18 mehr als vom Projekt vorgesehen, die offensichtlich den für das Podest vorgesehenen Platz ausfüllen und den Ausgangs- und Endpunkt des Bauwerks zwangsweise verändern. Der Tunnel weist nach einer ersten Untersuchung keinerlei nachträgliche Änderung auf, und alles erscheint wie eine spontane Entscheidung, die im Moment des Baus getroffen wurde. Dabei handelte es sich jedoch um eine Verbindung, die als Kommunikations- und Fluchtweg einen strategischen Zweck erfüllte. Eine plausible Erklärung für die Projektänderung wäre, dass für den Materialtransport eine Art Lastenaufzug vorgesehen war, der aber nie in Betrieb ging. Vielleicht hätte sich der lineare, ununterbrochene Verlauf des Tunnels besser für diesen Aufzug geeignet. Das Rätsel der fehlenden Beschreibung der Projektvariante bleibt ungelöst. Ein Geheimnis, das in den 80er Jahren einige „Goldgräber“ dazu brachte, Wände und Treppe des Tunnels mit Metalldetektoren abzusuchen, auf der Suche nach einer hohlen Stelle, die möglicherweise als Versteck gedient hatte. Die Suche blieb freilich ohne Ergebnis.

Die große Treppe, Verbindung und Fluchtweg von der unteren zur oberen Festung.

Äußerer Eingang zu einer Reihe von Geschützpositionen. Die Kerben an beiden Seiten des Portals dienten der Passage der Kanonenlafetten.

 Das zweite Geheimnis hängt mit dem Bunker zusammen, den die Nazis in den ersten Monaten des Jahres 1944 von einer Gruppe russischer Gefangener graben ließen, um an das Gold der Banca d'Italia zu kommen. Auch bei dieser viel besprochnen Episode haben alle die Erklärungen übernommen, die ihnen die Geschichte und die offiziellen Berichte der verschiedenen Heere – auch die der Alliierten – aufgetischt hatten. Es ist daher dem Zufall zuzuschreiben, wenn nun eine Version bestätigt wird, die auch einige Details der „Gold-Geschichte" verändern kann. Eine Geschichte, die in verschiedenen, stets lückenhaften Versionen vorliegt. Die erste Beobachtung machte ein Ingenieur, der die Festung zum ersten Mal besuchte. Der Mann lehnte sich an eine der tragenden Mauern des Haupteingangs und betrachtete den Eingang zum Tunnel in der Nähe des neugotischen Kirchleins. „Ein nutzloser Bau," rief er aus, „die Nationalsozialisten waren sicher nicht dumm, und sie verschwendeten auch keine Zeit auf unnütze Dinge." Der Beobachter äußerte einen einfachen Gedankengang: Es gab so viele bombensichere Verstecke in der Festung, zahllose, einfach zu schützende Kellergeschosse, unzählige Möglichkeiten, um eine kostbare, aber nicht zerbrechliche Ladung zu verbergen und sie zu kontrollieren. Warum hätte man sich dann die Mühe gemacht und einen Tunnel in das Gestein gegraben, der mit einem Ein- und Ausgang versehen war, ihn auf der Hälfte mit einer Panzermauer zu blockieren und darin Goldbarren und Münzen zu lagern? Und noch etwas: Welchen Sinn machte es, den Eingang des Tunnels bzw. Bunkers durch eine doppelte Panzertür mit drei Schlössern zu sichern, wenn sich – und das ist heute noch offensichtlich – dahinter nichts weiter als ein Vorraum und eine Mauer aus Stahlbeton befanden? Die Erzählungen und die amerikanischen Filme, die die Endphase des Zweiten Weltkrieges dokumentieren, halten das Vorgehen der Alliierten nach der Einnahme der Festung genauestens fest: die Panzertür wurde geöffnet, die Mauer zum Tunnel/Bunker mit Dynamit gesprengt, und aus der hintersten Ecke wurden die Kisten und Fässer mit den 25 Tonnen Gold hervorgeholt, dem Rest des italienischen Goldes. Das heißt, nach dem Umladen des Zugs aus Mailand müsste klar gewesen sein, dass nur 25 der insgesamt 127,5 Tonnen Gold im Bunker versteckt gewesen waren. Sie mochten als Köder dazu dienen, eventuelle Plünderer abzuspeisen. In diesem Fall war der kleine Schatz von vornherein als kalkulierter Verlust zugunsten der Deutschen betrachtet worden. Ein alter und bewährter Trick: Eindringlingen weiszumachen, das Gold sei in der Festung untergebracht, und dabei den Großteil woanders zu verstecken. Dies stellt laut den Studien in der Nachkriegszeit, die von den aufmerksamen Forschern der Simon-Wiesenthal-Stiftung in Wien durchgeführt wurden, eine denkbare These dar. Indem sie die Spur des Goldes verfolgten, rechneten sie damit, die hohen Parteimitglieder ausfindig zu machen, die sich nach Südamerika abgesetzt hatten. Diese Nachforschungen werden von den Aussagen des heute über 80-jährigen Brixners Franz Engl bestätigt, 1943 einer der Soldaten, die mit dem Umladen des Goldes innerhalb der Festung beauftragt waren. „Wir mussten kleine Leinensäckchen transportieren," erzählt er, „die nicht einmal sehr schwer waren. Einer meiner Kollegen war versucht, mit seinem Taschenmesser eines der Säckchen zu öffnen und etwas vom Inhalt zu stehlen, aber die Angst war doch zu groß. Alle zwei Meter war ein SS-Soldat mit einer Maschinenpistole im Anschlag postiert, der jede einzelne unserer Bewegungen verfolgte. Aber ich erinnere mich, dass wir die Säckchen in einen ziemlich dunklen Tunnel brachten." War es der Bunker, der Tunnel mit der langen Treppe oder ein anderes Versteck in der Festung, das später zugemauert oder gesprengt wurde? Man weiß es nicht. Aber die Amerikaner fanden nur Kisten und Fässer voller Gold und keine kleinen Säckchen von geringem Gewicht. Die zeitgenössischen Fotos vom Moment der Bergung, die heute im Kriegsmuseum Rovereto aufbewahrt werden, zeugen davon.

Über die Brotöfen gelangt man direkt in die Geschützpositionen.

Die mächtigen, bewehrten Kasematten mit den Geschützen hatten erdbedeckte Dächer, um Schüsse abzudämpfen und feindliche Granaten abzufangen.

Das Öffnungssystem der Fenster in den Kampfkammern.

Rundgänge

Es ist unmöglich, die ganze Festung auf einmal zu besichtigen. Um ein umfassendes Bild zu gewinnen, bedarf es mindestens drei voller Tage, so weitläufig sind die Gänge, die Räume, all die Bereiche, die eine Infrastruktur bilden, deren Größe auf den ersten Blick kaum vorstellbar ist.

Es gibt jedoch Bauten, architektonische und funktionelle Glanzlichter, die man sich auf keinen Fall entgehen lassen sollte. Vor allem die Geschützkammern oder die Batterien in den Kasematten mit ihrem Gewölbe, das sich gleichmäßig in Richtung Schießscharte der Kanone absenkt. Neben der Öffnung für das Geschütz ist ein Rauchabzug angebracht. Es wäre nämlich für die Artilleristen undenkbar gewesen, in diesem geschlossenen Bereich mehr als ein paar Schüsse abzufeuern, ohne an den freigesetzten Explosionsgasen zu ersticken. So verfügt jede Geschützkammer über ein doppeltes Fenster auf der der Schießscharte gegenüber liegenden Seite, das größer als diese ist. Das Doppelfenster, das in seiner Gesamtheit dem Block einer Blockflöte gleicht, wo das Eindringen der vom Musikermund geblasenen Luft durch die Flachbogenform des Mundstücks erleichtert wird, wurde bei Schießübungen durch ein Zugankersystem geöffnet. Dieses bestand aus einem T-förmigen Eisen mit zwei Ringen, das im äußeren Granit verankert war (diese Halterungen sind vor allem an den Fenstern der mittleren Festung noch gut sichtbar) und das als Haltevorrichtung für die Zuganker selbst fungierte. Bei geöffneten Fenstern erzeugte der Trichtereffekt im Raum eine Luftströmung, wobei der entstehende Rauch durch die Abzugshaube, die wie ein Entlüftungsrohr funktionierte, nach Außen abzog.

Die beiden Granitpfeiler des Eingangsportals jeder Batterieserie sind außerdem in etwa 30 cm Höhe mit einer Rille versehen, die der hervorstehenden Achse der Räder – einem Teil der Kanonenlafette – die unbehinderte Durchfahrt erlaubte und an der sich zeigt, wie breit die Lafette selbst war.

Auf dem Hauptgebäude der unteren Festung direkt am Eingangstor, das das Festungskommando beherbergte, befindet sich eine große Sonnenuhr, die vor allem im Sommer äußerst präzise ist. Erinnern wir uns, dass der Teil des österreichisch-ungarischen Reichs, der sich auf italienischsprachigem Gebiet befand, die Zeit weiterhin nach italischer Zeitrechnung bestimmte. So fiel das Glockenläuten zum Ave Maria bei Sonnenuntergang auf die Stunde XXIV, zumindest bis zum Jahr 1780. Erst ein Reichsdekret schrieb die Anwendung der sogenannten „französischen Zeitrechnung“ vor, welche die Stunden ab Mitternacht zählte. Es blieben jedoch weiterhin Unterschiede zwischen der offiziellen Uhrzeit und der mittleren lokalen Zeit, die erst 1866 abgeschafft wurden – fünf Jahre nach der Einigung Italiens. Zu diesem Zeitpunkt beschloss die Eisenbahnverwaltung die mittlere Zeit von Rom auf das gesamte italienische Gebiet anzuwenden. Daraufhin passte sich Österreich-Ungarn aus Gründen des internationalen Verkehrs dieser Zeitrechnung an.

Im Untergeschoss des Hauptgebäudes, fast auf gleicher Höhe mit dem Wasserspiegel des Stausees und in der Nähe des Festungseingangs, der sicher den Dienstboten vorbehalten war und mit dem Bau des Staudamms entfiel, befinden sich die Brotöfen. Es sind große Backöfen, ausgestattet mit einer für die damalige Zeit völlig neuartigen Lüftungstechnik, die später von allen Bäckern übernommen wurde. Ein System, das in der Mitte eine Feuerstelle vorsieht, und zwar in einem Ofen aus feuerfestem Material, und zwei große seitliche Backöfen, die ungefähr 500 Brote auf einmal aufnehmen konnten. Ein erfahrener Bäckermeister, Herrn Karl Valentin Badstuber, der zugleich Lehrer an der Fachschule für Nahrungsmittel und Gastgewerbe „Emma Hellenstainer“ in Brixen ist, erläutert die Funktion: „Es handelt sich um ein System zum Brotbacken, das noch heute in kleinen Bergsiedlungen angewandt wird. Aber ich habe noch nie eines in dieser Größenordnung gesehen. In dem nach innen gewölbten Teil oberhalb der Flamme fand wahrscheinlich ein großer Kessel für den Dampf Platz. Damals war dies üblich, und auch heute noch ist das Ergebnis typisch für einige deutsche Regionen: eine Art durch den Dampf weich gebackenes Brot. Wahrscheinlich kam dem Kessel diese Funktion zu.“ Im Vorraum findet sich der aus einem einzigem Granitblock gehauene Brunnen, der einzige der gesamten unteren Festung. Hier standen wohl auch die Tische für die Vorbereitung des Brotteigs. Gewiss waren für die Öfen mindestens vier Bäcker zuständig.

Auf der tiefer gelegenen Ebene der unteren Festung, in der Mitte einer breiten Rampe, die sich bis zur äußeren Mauer der Festung hinzieht, befindet sich die Offiziersmesse, der einzige Raum mit Freskenschmuck – der heute nur noch teilweise zu sehen ist. Dass es sich hier um eine Kantine gehandelt hat, beweist eine Inschrift mit dem amüsanten Spruch: „Die Rose blüht, der Dorn der sticht, wer gleich bezahlt, vergisst es nicht.“ Die Offiziere mussten als Einzige für die Verpflegung zahlen. Der Raum, aus dem eine Wendeltreppe aus Holz nach oben führt, weist noch Spuren grüner Farbe auf, die nach alter bäuerlicher Tradition die Fliegen vertreiben soll. In diesem Raum wurden wohl Vorräte gelagert, während der obere Stock mit Kaminen zum Heizen der einzelnen Räume ausgestattet war; dort befindet sich auch ein alter Backofen. Im Gastraum des Obergeschosses sind Spuren der Fresken erkennbar, mit Teilen grauer, dekorierter Konsolen und großen Flächen in pompejanischem Rot, um die Räume optisch niedriger wirken zu lassen. Ein Teil der Decke war vermutlich in Lapislazuli gehalten, mit Verzierungen, die nunmehr unter einer dicken Putzschicht liegen. Auf dem höchsten Punkt des Gewölbes, genau in der Mitte, sind im Fresko noch die Krallen des doppelköpfigen Habsburger Adlers sichtbar.

Am Ende der Verbindungsrampe, auf der östlichen Seite der Festung, liegt eine große dreistöckige Kaserne, die einen Großteil der Garnison aufnehmen konnte, aber auch im Notfall als Lazarett diente. In einem der Räume hat sich auf dem Gewölbe einer Wand eine große Inschrift in tschechischer Sprache erhalten, die nur teilweise leserlich ist. Daraus geht hervor, dass in diesen Räumlichkeiten eine tschechische Kompanie untergebracht war, eine traditionsreiche Artillerieeinheit im Dienste Habsburgs, das wahrscheinlich an zwei historischen Schlachten (1683 – der zweite

Die hochfunktionellen Backöfen mit niedrigem Holzverbrauch. Jede Ladung war für 500 Brotformen geeignet.

Geschützpositionen in der mittleren Festung.

 Ansturm der Türken auf Wien und 1866 – die Schlacht von Custoza) beteiligt war. An den Wänden befinden sich eine Reihe von Haken, drei für jeden Schlafplatz, wo die Soldaten Säbel, Gewehr und Uniform oder, nach Meinung einiger Experten, eine Art Kassette aufhängen konnten, oder besser, einen Korb, dem ähnlich, den Fischer bereits seit den 50er Jahren des vorigen Jahrhunderts benutzen, und hier als Nachttisch fungierte. Dieser enthielt die wenigen persönlichen Gegenstände jedes einzelnen Soldaten. Darüber liest man: „SLOVA NAPOLEONOVA" bzw. „Worte Napoleons". Es folgt ein Satz, den der General häufig gebrauchte und der sich auf die blutige Schlacht bei Aspern bezieht, das damals in der Nähe von Wien lag und heutzutage ein Vorort der Stadt bezeichnet. Dieses Gebiet sollte Napoleon zum Sieg über Wien und zur Kontrolle über die Donau verhelfen, doch er verlor die Schlacht. Ein Satz, der sich also auf die Kampfkraft des tschechischen Regiments bezieht, und mit der Angabe der Daten an ihren treuen Dienst für die Monarchie erinnert. Auf der gegenüberliegenden Wand befanden sich wahrscheinlich die Schießtabellen für die Kanonen, die jeden Abend vor dem Zubettgehen auswendig gelernt werden mussten.

Im Herzen der unteren Festung, rechts das Gebäude der Offiziersmesse.

Geht man die Rampe hoch und wendet sich der mittleren Festung zu, so fällt ein niedriges, einstöckiges Gebäude auf, das sich an den Felsen schmiegt: mit einiger Sicherheit handelt es sich dabei um die vom Zahlmeister besetzte Kasse zur Auszahlung der Soldatengehälter. Vermutlich waren im Raum, der wohl als Büro diente, die Nischen für einen Wandschrank und möglicherweise einen Tresor vorhanden. Außerdem findet man im Inneren Schießscharten, die auf den Befestigungsgang hinausgehen, wo die aufgereihten, unruhigen und aufgeregten Soldaten vom Büro und einem Nebenraum aus in Schach gehalten wurden. Wenn es um Geld geht, kann die Sicherheit nie groß genug geschrieben werden!

Neben dem „Kassenhäuschen" führt, geschützt von einem großen Portal, die Treppe aufwärts zur mittleren Festung. Über die breite Stiege nach oben verlaufen zwei „Geleise", die dem Transport der Kanonen dienten. Die Räder liefen auf den Geleisen, und für den Zug der schweren Geschütze sorgte eine Winde, die an der Gewölbedecke am Ende der Treppe angebracht war. Nach beendetem Aufziehen wurde die Kanone in zwei Teile zerlegt: Mündung und Lafette wurden getrennt, um sie

In den Batterien beeindruckt die perfekte Bearbeitung der Ziegel in den Gewölben. Die Neigung der Mauer erzeugte einen Trichtereffekt, um so den Rauch der Kanonen abzuleiten.

das letzte Stück nach oben zu hieven. Nach dem Aufziehen der beiden Teile auf die Höhe der Batterien wurden sie wieder zusammengesetzt und in Position gerückt.

Die mittlere Festung hat von der gesamten Anlage ihren ursprünglichem Charakter am besten bewahrt, zumindest was ihre baulichen Prinzipien betrifft. Alle Dächer der Gebäude tragen heute noch eine dicke Erdschicht, um den Einschlag feindlicher Granaten abzuschwächen und den Splittereffekt zu vermeiden. Ein Kuriosum stellt die Versorgung mit Trinkwasser im Falle einer Belagerung dar, denn im Felsen, auf dem das gesamte Talwerk realisiert wurde, finden sich keine Quellen. Einen guten Meter unter der Oberkante des Gebäudes verlaufen die in den Granit geschlagenen viereckigen Regenrinnen, wo bei modernen Häusern Ablaufrinnen für das Regenwasser gesetzt werden. Sie sind in Übereinstimmung mit dem Ansatz der Ziegelwand eingeschoben, die wiederum von Schiefersplittern und einer dicken Lehmschicht überdeckt ist. Die Wände wurden von einem Meter absichtlich weicher Erde überhäuft, die, wie bereits erwähnt, dem Zweck dient, die Explosion einer Granate, die auf den First des Hauses trifft, zu verhindern: Auf ein weiches Ziel treffend kann die Granate nicht explodieren. Zweitens dient die Erdschicht auch als Regenwasserfilter. Das aus den Rinnen hervortretende Wasser ließ man dann in den Boden sinken, wo es in das Gestein durchsickerte. Hier fand man, wahrscheinlich mithilfe eines Wünschelrutengängers, einen Punkt (einen in jedem der vier Teile, in die die Festung auf ideale Wiese eingeteilt wurde) in welchem das Wasser zusammenfloss. In den Felsen wurde eine achteckige Zisterne gehauen, die nach dem Durchsickern das nötige Wasser für die gesamte Garnison auffing.
Das reine Wasser wurde mittels einer Handpumpe in einem Brunnen aus einem Granitblock gesammelt, wo es den Soldaten dann zur Verfügung stand.
Eine Besonderheit betrifft die Form der Zisternen. Achteckig. Es wäre doch viel einfacher gewesen, sie kreisförmig oder quadratisch anzufertigen. In Wahrheit aber scheint es so, als habe auch hier der neoklassische Geschmack durchgegriffen: Die Ziffer „8“, horizontal gelesen (∞), weist auf das mathematische Symbol der Unendlichkeit hin, auch wenn die Techniker beteuern, die ausgewählte Form sei gewiss die stabilste. Die Wahl der achteckigen Form könnte also eine gewisse esoterische, glücksbringende Bedeutung haben, wie es auch in der Klassik oft vorkommt: unendliches Wasser, Wasser für immer. Und die Wahl gab den Konstrukteuren völlig recht: Ungeachtet der ständigen Umarbeiten und der felsigen Beschaffenheit der Zisternen, die einer dauernden Veränderung unterworfen sind, gibt es immer Wasser. N.B.: Die Zisterne der oberen Festung, der Akropolis, die möglicherweise monatelang einer Belagerung standhalten musste, ist, wohlgemerkt, 50 Meter tief und enthält Millionen Liter Wasser, das heute noch trinkbar ist.

In der mittleren Festung fallen noch zwei besonders gestaltete Bauten auf. Sie sind mit einer Art Fußbodenheizung versehen, wie sie bereits für die römischen Patriziervillen bekannt sind. Die beiden Gebäude mit einem Tonnengewölbe wurden

 früher aufgrund dieser Eigenheit als „Türkisches Bad" oder „Kaiservilla" bezeichnet. Dabei war aber zuviel Phantasie im Spiel, handelte es sich doch in Wirklichkeit um das „Barbara-Haus", das Munitionsgebäude in diesem Teil der Festung. Die Fußbodenheizung wurde über externe Öfen aktiviert; diese dienten der Trocknung des Schwarzpulvers, das im Falle übermäßiger Feuchtigkeit unbrauchbar geworden wäre. So sorgten die Zwischenräume für eine angemessene Belüftung und allfällige Erwärmung.

Auf dem Weg zwischen mittlerer und unterer Festung befindet sich ein kleiner Obelisk. Das unter einer lateinischen Schrift eingezeichnete Datum nennt das Jahr seiner Errichtung 1889: *„Locus perennis, dilicentissime cum libella liberationis quae in Austria et Huncaria confecta …"* oder: „Ewiger Ort, sorgfältig durch einen Theodoliten aus Österreich und Ungarn abgemessen …"
Es handelt sich um einen geodätischen Fixpunkt, das Zusammenlaufen einer gedachten Parallele und eines Meridians, der die Grundlage für die Neuerstellung der gesamten militärischen und zivilen Kartographie bot. Die verbesserte Kartentechnik war aus militärischen Gründen, vor allem aber nach dem Bau eines Eisenbahnnetzes notwendig geworden. Die Inschrift verweist auf das Aufeinandertreffen eines idealen Breitengrads und eines ebensolchen Meridians am Punkt des Obelisken sowie auf die „europäische" Notwendigkeit einer neuen kartographischen Ordnung. Dabei ist zu bedenken, dass die internationale Anwendung der 24 Meridiane, wie wir sie heute kennen, erst 1893 zum Tragen kam, mit der Folge, dass im Abschnitt zwischen zwei Meridianen die so genannte „mittlere" oder „zivile Zeit" angewandt wurde, die eine Standardisierung der Zeitrechnung mit sich zog. Dies führte endgültig zur zeitlichen Abstimmung des weltweiten Transportwesens.

Die Festung erhielt 1845 eine kleine Kirche, um den religiösen Bedürfnissen der Garnison Rechnung zu tragen, deren Besatzung in jener Zeit von 1000 Mann, wie vom Scholl-Projekt vorgesehen, auf 1200 angestiegen war.
Die Festungskapelle stellt eine Rarität dar, da in keiner Festung des Deutschen Bundes jemals etwas Ähnliches gebaut wurde. Den Ausschlag für den Bau gab die Tatsache, dass es im Umkreis bis auf jene in Aicha keine Kirche gab: diese befand sich zwar nur wenige hundert Meter entfernt, jenseits der neuen Ladritscher Brücke, lag aber wahrscheinlich schon jenseits des Militärbereichs, d. h. außerhalb der ideellen Grenze, die von den Soldaten bei ihrem Ausgang nicht passiert werden durfte. Die Kirche wurde von Ingenieur und Hauptmann Gedeon von Radò (der später letzte General der österreichisch-ungarischen Truppen mit Sitz in der Festung von Verona) im neugotischen Stil geplant und ist das erste Beispiel diesseits der Alpen für diesen Stil, der ansonsten in Tirol nicht viel Erfolg hatte.
Das Kirchlein, wie eine Art Granitbunker konzipiert, hatte wie die restlichen Gebäude auch eine Verteidigungsfunktion. Eine Besonderheit (in Anlehnung an den Klassizismus) stellt die Decke des Kirchenschiffs dar. Sie ist mit einem Kassetten-

Der Obelisk markiert den geodätischen Punkt zur kartografischen Vermessung.

LOCUS PERENNIS
DILIGENTISSIME CUM LIBELLA
LIBRATIONIS QUAE EST IN AU=
STRIA ET HUNGARIA CONFECTA
CUM MENSURA GRADUUM MERIDIO
NALIUM ET PARALLELORUM QUAM
EUROPEAM VOCANT ERECTUM
MDCCCLXXXIX

gewölbe versehen, für das den Planer wohl das Pantheon in Rom inspirierte: diese architektonischen, scheinbar rein dekorativen Formen erweitern die Oberfläche des Kirchenschiffs und verstärken somit die Stimme des Zelebranten, sodass die Garnison außerhalb der Kirche alles mitverfolgen kann. Auch hier könnte man einige klassische Züge erkennen: Auf demselben Prinzip basiert das bekannte Ohr des Dionysios in Syrakus. Der einfache Altar aus hartem Granit ist das Werk eines Steinmetzen aus Sexten im Pustertal. Draußen thronten auf zwei Sockeln die Statuen zweier großer österreichisch-ungarischen Generäle, Befehlshaber der damaligen Südarmee: Radetzky (dem Strauß den berühmten Marsch widmete) und Hess. Die beiden Figuren, die man höchst selten auf einer Fotographie findet, dürften jenen geglichen haben, die im „Museum Ferdinandeum" in Innsbruck aufbewahrt werden; die Statuen sind leider verschollen.

Ein weiteres Detail der Festung sind ihre Wendeltreppen, die sicherlich an mittelalterlichen Vorbildern inspiriert sind. Die Stufen sind aus Granit und durch eine zentrale senkrechte Stütze miteinander verbunden. Neben der Verbindung des oberen und unteren Stockwerks hatten sie auch eine Verteidigungsfunktion inne. Nimmt man an, dass die Soldaten beim Nahkampf die rechte Hand gebrauchten (Linkshänder wurden damals, wie übrigens bis zur Mitte des letzten Jahrhunderts, schon früh umerzogen, weil die linke Hand „vom Dämon besessen" war), hatte ein im Rückzug begriffener Soldat einen großen Radius zur Verwendung seiner Waffe, während die zentrale Stütze der Treppe die Sicht des Angreifers einschränkte – eine bauliche Lösung, die seit 1200 in den Burgen zum Tragen kam.

Die obere Festung mit der großartigen unterirdischen Treppenverbindung war als „Akropolis" angelegt worden, als uneinnehmbare „Zitadelle" und letzte Flucht- und Verteidigungsburg im Falle einer feindlichen Übernahme der beiden Festungen im Tal. Außerdem sollte sie die beiden unteren Festungen von oben verteidigen und das gesamte Blickfeld zwischen Eisack- und Pustertal kontrollieren. Genau diese Funktionsvielfalt hat den Bau in besonderer Weise bestimmt. Vom Tunnelausgang am Ende der Treppe an finden die Verteidiger ständig Deckung, dank unzähliger Ausweichstellen auf einer Serie von Rampen und Treppen. Sie können sich

Das neugotische Kirchlein, elegant, aber zum granatensicheren Bunker ausgebaut.

AVE MARIA

Schritt für Schritt zurückziehen und dabei den Feind aus ihrer vorteilhaften Position stets unter Kontrolle behalten. Auch hier wurde also das Prinzip der aktiven Verteidigung genau wie für die beiden Werke im Tal angewandt, obwohl die Ausdehnung der oberen Festung deutlich kleiner ist als jene der beiden unteren Komplexe. Besonders imposant ist schließlich die hoch aufragende äußere Schutzmauer, die nur von dem großen Eingangsportal unterbrochen wird, das in Größe und Bauweise an den Haupteingang der unteren Festung erinnert und den Vorgaben der Franzosen Vauban und später Montalembèrt entsprachen. Wie dort ist die Inschrift über dem Träger fast dieselbe und trägt die Daten des Baubeginns und der Fertigstellung. Nur die beiden Kaiser, unter deren Regierung die Festung errichtet wurde, Franz und Ferdinand, sind hier nicht genannt. Aber mit ihrem Namen Franzensfeste ist die Festung ein großer Erinnerungsträger, ein Monument auch für den Monarchen, der ihren Bau ermöglichte.

Erinnerungsschrift einer tschechischen Geschützkompanie, die in der Garnison stationiert war.

MDCCC
MDCCCX

Das Eingangsportal der oberen Festung entspricht jenem der unteren Festung. Bei der Inschrift mit den Baudaten fehlen die Namen der beiden Kaiser.

Das Gefängnis in der oberen Festung. Die Gefangenen konnten an die Ringe an der Wand gefesselt werden.

Literatur

Christoph Hackelsberger,
Die k.k. Franzensfeste. Ein Monumentalwerk der Befestigungskunst des 19. Jahrhunterts, München-Berlin, 1986.

Flavio Schimenti / Laura Facchinelli,
Fortezza – Franzensfeste. La fortificazione, la ferrovia, il paese. Die Festung, die Eisenbahn, das Dorf, Fortezza / Franzensfeste 1998.

Paul Virilio,
Bunkerarchäologie. Carl Hanser Verlag München, 1992.

Evelyn Steiner,
Die Festung Franzensfeste. Erhaltung und neue Nutzung eines historischen Baudenkmals, Dipl. Arb., Innsbruck-Wien, 2002.

Eva Pfanzelter,
Südtirol unterm Sternbanner. Die amerikanische Besatzung Mai–Juni 1945, Bozen 2005.

Sergio Cardarelli / Renata Martano,
I nazisti e l'oro della Banca d'Italia. Sottrazione e recupero 1943–1958, Roma-Bari, 2001.

Danksagung

für die Unterstützung bei der Recherche:

- Dr. Hans Heiss vom Südtiroler Landesarchiv
- Dr. Willibald Rosner vom Historischen Archiv Wien
- Simon-Wiesenthal-Zentrum in Wien
- Dr. Davide Perasso, Brixen
- Dr. Ing. Mauro Massimo, Franzensfeste (†)
- Dr. Ingvild Unterpertinger, Universitätsbibliothek Brixen
- Dr. Prof. Giuseppe De Cesare, RAI Sender Bozen

für die Bereitstellung der Bilder und historischen Fotos

- Markus Haidacher, Franzensfeste
- Alessandra Gobber - Massimo, Franzensfeste
- Dr. Peter Piock, Meran

für die Beratung und Bilder zur Bewaffung

- Hansjörg Walcher, Vahrn

für die aktuelle fotografische Dokumentation

- dem Hobbyfotografen Rag. Richard Amort, Franzensfeste

für die graphische Arbeit

- Dr. Ing. Mauro Massimo, Franzensfeste (†)

für die Redaktion in deutscher Sprache

- Dr. Hans Heiss, Brixen
- Gaetano D'Alessandro mit Almut Surmann, Bozen

für die Redaktion in italienischer Sprache

- Dr. Simonetta Da Ronch, Brixen / Vittorio Veneto

für das wunderbare Gedichte zur Einstimmung

- Dr. Christine Mathá, Brixen

für das Umschlagbild

- Alex Pergher, Mühlbach

Dario Massimo

in Franzensfeste 1950 geboren.
Schon als Kind lernte er die Festung kennen, wo er mit den Kindern der Wachen spielte. Später leistete er seinen Dienst als Offizier bei der „Tridentina". Als Redakteur und Schriftsteller – dies ist sein drittes veröffentlichtes Werk – beschäftigt er sich seit über 20 Jahren mit der Geschichte der Festung. Dieses Buch ist das Ergebnis seiner langjährigen Forschungen.